KB271895

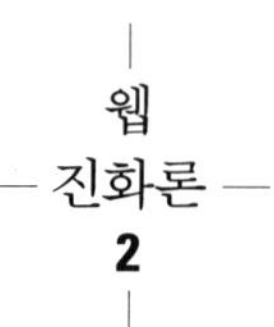

웹
진화론
2

웹 진화론 2

초판 1쇄 펴낸 날 2008년 8월 22일 2쇄 펴낸 날 2011년 12월 16일
지은이 우메다 모치오 **옮긴이** 이우광 **펴낸이** 박설림
펴낸곳 도서출판 재인 **디자인** 오필민
등록 2003. 7. 2 제300-2003-119 **주소** 서울시 강남구 도곡동 467-6 대림아크로텔 1812호
전화 02-571-6858 **팩스** 02-571-6857

ISBN 978-89-90982-28-5 03300 Copyright ⓒ 재인, 2008 Printed in Korea.

책값은 뒤표지에 있습니다. 잘못된 책은 바꿔 드립니다.

대변혁의 시대, 새로운 삶의 방식이 태어난다

웹 진화론 ❷

우메다 모치오 지음 | 이우광 옮김

재인

3장 —— '**거친 산길**', 그 **새롭고 자유로운** 삶

4장 —— **지향성의 발견과 롤 모델** 사고법

5장 —— 인터넷 공간의 지적 풍요

6장 —— 정보 공유와 조직의 선택

7장 ── **웹 진화**와 **새로운 삶**의 방식

종장 ── **웹 시대**를 간다

혼돈스럽기 때문에 더욱 흥미로운 시대

긴 안목으로 볼 때 IT의 역사는 개인의 가능성을 확대하고 개인을 개방시키는 것을 이상

으로 삼아 온 사람들의 주장이 실현된 역사이다. 지금 많은 사람들이 인터넷 공간에서 세

계인들과 새롭게 교류하는 방법, 정보 공유 방식, 협력 방법 등을 배우고 있다. 그들이 새

로운 지적 인생을 보내게 될 때, 그리하어 인터넷 세상의 속노삼이 낭연한 것이 될 때, 한

사람 한 사람의 작은 힘이 모여 현실 세계의 난제를 해결하게 될 것이다. '매스 코퍼레이

션'이나 '대중의 예지' 역시 작은 싹에 불과하지만, 바로 이런 싹들이 자라나 다음 시대를

변화시키는 데 크게 공헌할 것이다.

우리들이 동시대인으로 살고 있는 1975년부터 2025년까지의 반세기는 100년 후 어떻게 평가될까. 여러 측면에서 바라볼 수 있겠지만, 그중에는 분명 '정보 기술(IT)이 세상을 크게 바꾼 시대'라는 평가도 포함될 것이다.

1975년부터 2025년까지의 반세기 가운데 이미 30년 이상이 지나갔다. 반도체의 발명에서 시작된 개인용 컴퓨터의 탄생과 인터넷의 발달, 모든 사람에게 IT의 기능을 활용할 수 있게 해 준 저가(cheap) 혁명, 구글이 주도한 세계 지식의 체계화까지가 그간의 변화였다면, 이제 앞으로 발생할 미지의 변화는 더욱더 무궁무진하다. 21세기 초반 몇십 년 동안에 인터넷 공간은 지식이나 정보 면에서 '또 하나의 지구'라고 불러도 손색이 없을 정도로 실제 지구와 맞먹는 거대한 존재로 발전해 갈 것이다.

인터넷은 '시간'과 '거리', '무한'에 대한 우리의 개념을 송두리째 흔들어 놓았다. 인터넷에서는 거리상의 제약을 생각할 필요가 없다. 또한 지식과 정보가 순식간에 전달되기 때문에 시간 감각도 무디어진다. '불특정 다수 무한대'의 사람들과 연결되는 데 드는 비용은 제로에 가깝다. 여기에 인터넷상에 넘쳐흐르는 정보의 양은 사람들이 평생을 바쳐도 다 소비할 수 없을 정도로 방대하며 나날이 팽창하고 있다. 그래서 무한한 정보와 유한한 개인, 그 '두 세계의 연결 고리'를 자동으로 생성해 주는 구글 같은 회사가 인터넷의 중심에 서서 거대한 가치를 창출하게 되었다. 시공을 초월할 수 있는 가능성이 열림에 따라 우리들은 너무도 편안히 인터넷상에서 무한성과 만나고 있으며 무한에 대한

감각마저도 무디어지고 있다. 동시에 세계에 대한 사람들의 감
각도 진화하고 있다. 이제는 누구든지 조금만 노력하면 세계의
누군가와 연결된다. 인터넷 경제권도 확대되어 생계를 전적으
로 인터넷에 의존하는 사람까지 생겨났다. 철이 들었을 때는 이
미 인터넷이 존재했고, 인터넷의 끊임없는 진화를 당연하게 생
각하며 살게 될 '앞으로의 세대'는 시간과 거리와 무한에 대한
새로운 감각을 가지게 될 것이다. 이에 따라 세대 간 능력 차나
이해의 단절은 앞으로 더욱 심화될지도 모른다.

　19세기의 계몽사상가인 후쿠자와 유키치(福澤諭吉)는 『문명론
의 개략』 서문에서, 구시대 정권인 바쿠후(幕府) 말기에서 메이
지(明治) 시대까지의 변화에 대해 다음과 같이 표현했다.

　"마치 한 몸이 두 삶을 사는 것과 같고, 한 사람에게 두 개의
육신이 있는 것과 같다."

　후쿠자와는 66년 생애의 전반기인 33년은 봉건제 에도(江戸)
시대를, 나머지 33년은 메이지 유신 시대를 살았다. 그야말로 한
몸으로 두 삶을 산 것이다.

　'웹 진화'라는 커다란 변화에 직면한 이 시대를 사는 우리들
역시 한 몸으로 두 삶을 사는 것과 마찬가지다. 후쿠자와의 인생
후반기인 '메이지 유신'에 해당하는 시기가 지금일지, 혹은 10
년이나 20년 후일지는 각자의 나이와 환경에 따라 달라질 것이
다. 내 경우는 2년쯤 전부터 본격적으로 인터넷 세상에 살게 되
면서 이미 한 몸으로 두 삶을 사는 듯한 느낌이다. 2년 전, 그러
니까 내 나이 45세 때 나는 '후쿠자와처럼 앞으로 45년간, 즉 90
세가 되는 2050년까지 살면서 현재 벌어지는 진화가 어떤 모습
으로 전개될지 보고 싶다'는 생각을 했다.

한 몸으로 두 삶을 살아나가기 위해 명심해야 할 것이 있다. '앞쪽 반생(半生)'의 상식, 즉 현재 자신이 익숙해 있는 상식과 나머지 후반기 반생의 상식이 분명히 다를 것이라는 각오를 하고 살아야 한다는 것이다. 그러기 위해서는 앞쪽 반생의 상식에 대해 끊임없이 회의의 눈길을 보내야 한다. 또한 인터넷상의 경험을 지속적으로 확대해 가면서 인생 후반기의 삶에서 왕성한 상상력을 발휘해야 한다. 웹 진화를 과소평가하고 앞쪽 반생에 집착할 경우, 나머지 반생에서 살아남지 못할 수도 있다는 '건전한 위기감'을 가져야 한다.

인터넷이 희망이다

인간은 희망과 불안을 동시에 안고 사는 존재다. 하지만 나는 웹 진화에 대해서만큼은 옵티미즘(낙천주의)을 기본자세로 하여 지켜보고 생각해야 한다고 믿는다. 웹 진화는 불가피한 것이다. 이제는 절대 되돌릴 수 없는 존재다. 그런데 인터넷은 선악과 청탁(淸濁), 가능성과 위험 등 여러 가지 모순이 공존하는 혼돈의 공간이다. 따라서 그런 공간에서 발생하는 난제를 해결하려면 '또 하나의 지구'를 구축하는 과정에 적극적이고도 깊이 관여하는 수밖에 없다.

『바보의 벽』으로 유명한 요로 다케시(養老孟司)는 인터넷과 젊은이의 관계를 다음과 같이 독특하게 표현했다.

지금의 시대는 연장자가 으스대는 시대이다. 그러나 의도한 바는 아닐지라도, 살아 있는 이상 연장자는 불가피하게 젊은이들의 앞길

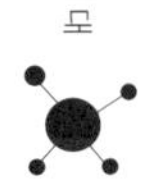

을 막는 걸림돌로 작용한다. 이런 시대에 젊은이들은 어떻게 해야할 것인가. 내가 생각하는 가장 적절한 삶의 방식은 연장자가 뒤처지는 분야에서 최선을 다하는 것, 바로 그것이다. 그리고 '웹'이야말로 바로 그런 분야이다.

—Foresight, 2007년 2월호

이 말이 그대로 적용되는 곳이 바로 '또 하나의 지구'이다. 젊은 세대는 새로운 지구 구축의 주역이다. 인터넷의 미래에 희망을 느끼고 흥분하는 젊은 세대가 '또 하나의 지구'를 이끌어 갈 장본인이다.

나의 전작인 『웹 진화론』은 그런 젊은 세대의 창조성과 과감한 행동을 자극하고 '낙천주의를 바탕으로 한 비전'을 제시하기 위해서 쓴 책이다. 책을 출판한 이후, 나의 낙천주의는 꽤 많은 비판을 받았다. 그러나 낙천적으로 대처하지 않는다면 창조성은 탄생하지 않는다. 이것은 내가 실리콘밸리를 경험하면서 얻은, '창조라는 존재에 대한 확신'이기도 하다.

새로운 사물이나 현상을 적극적이고도 미래 지향적으로 받아들이는 동시에, 그것에 도전하는 젊은 세대를 격려해야 한다. 그런 젊은이들에게 조언할 수 있는 '지적이고 긍정적인 어른'이 늘어나지 않는다면 미래 창조는 불가능하다. 미래는 능동적으로 바꿀 수 있다. 그리고 그 에너지는 낙천주의에서 얻어야 한다. 이해할 수 없는 새로운 것에 직면했을 때, 이뤄 낸 성과를 칭찬하는 대신 모순이나 문제점만 찾아내거나 어렵게 태어난 새로운 싹을 비판만 한다면 그 누구도 새로운 것을 창조하려 하지 않을 것이다.

내가 낙천주의를 강조하는 이유는 이러한 정신적인 측면과 함께 인터넷이라는 기술의 다음 다섯 가지 특징에 큰 희망을 걸고 있기 때문이다.

❶ 인터넷은 '거대한 강자(국가, 대자본, 대조직)'보다 '작은 약자(개인, 소자본, 소조직)'와 친화력이 큰 기술이다.

❷ 인터넷은 사람들의 '선한 측면'과 '작은 노력'을 집적해 낼 가능성이 있는 기술이다.

❸ 인터넷은 지금까지는 사회의 소수 계층에게만 가능했던 행위(표현, 사회 공헌 등)를 모든 사람에게 개방하는 기술이다.

❹ 인터넷은 개인의 고유한 특성(개성, 지향성)을 발견해 내고 증폭시키는 데에 매우 유효적절한 기술이다.

❺ 인터넷은 사회적 선택의 폭을 넓혀 주는 기술이다.

인터넷이 없었다면 만나지도, 알지도 못했을 '인터넷상의 불특정 다수 무한대의 사람들'이 협력하여 무언가를 성취해 내는 '오픈소스' 및 '매스 코퍼레이션(공동 작업)' 현상과, 지금까지 표현할 기회조차 갖지 못했던 무수한 사람들의 지혜가 집적되고 그 결과물이 전문가의 지식을 능가하는 '대중의 지혜(Wisdom of Crowds)'로 나타나는 현상은 인터넷의 성격을 잘 말해 준다.

급격히 진화하는 IT 세계에서는 '무(無)'의 공간에서 다음 시대를 변화시킬 '힘의 싹'이 태어나고, 그것이 부지불식간에 크게 자라난다. 어떤 종류의 힘의 싹이 자라날 것인지를 정확하게 예측하거나 일반화하기는 어렵겠지만, 보편적으로 기득권층이 기피하는 반면에 소외 계층에게 효과적인 무기가 될 때 그 힘의

싹은 크게 성장하는 경우가 많다. 긴 안목으로 볼 때 IT의 역사는 개인의 가능성을 확대하고 개인을 개방시키는 것을 이상으로 삼아 온 사람들의 주장이 실현된 역사이다.

지금 많은 사람들이 인터넷 공간에서 세계인들과 새롭게 교류하는 방법, 정보 공유 방식, 협력 방법 등을 배우고 있다. 그들이 새로운 지적 인생을 보내게 될 때, 그리하여 인터넷 세상의 속도감이 당연한 것이 될 때, 한 사람 한 사람의 작은 힘이 모여 현실 세계의 난제를 해결하게 될 것이다. '매스 코퍼레이션'이나 '대중의 예지' 역시 작은 싹에 불과하지만, 바로 이런 싹들이 자라나 다음 시대를 변화시키는 데 크게 공헌할 것이다.

새로운 뇌 사용법

세상에는 '지금까지 발언을 하지 않았던' 흥미로운 사람들이 많다. 나는 『웹 진화론』과 관련해 인터넷에 올라온 2만여 건의 서평과 감상문을 읽으면서 그런 흥미로운 사람들의 존재를 실감했다. 독자들은 내가 『웹 진화론』을 쓰면서 생각했던 것보다 훨씬 많은 것을 이해하고 있었고, 그것이 독자 개개인의 경험과 결합해서 새로운 지식으로 태어났다. 그리고 그것이 웹 공간을 경유하여 나에게 돌아왔다. 나는 그런 소중한 경험을 했다.

2만여 건의 서평 중에 "이건 참 '엄청나네!"라는 감탄을 자아내는 글이 하나 있었다. 한마디로 빛나는 글이었다. 그 글을 쓴 이는 30년 이상 내과 의사로 근무하면서 방대한 양의 독서를 해 온 중년 세대였다. 대학에서 의학 공부를 한 뒤 인간의 삶과 죽음을 현장에서 지켜보며 60세 가까이 될 때까지 사색을 계속해 온 사람. 그런 사람의 지식이 자극적이지 않을 리 없었다. 교양의 수준이 높고 중류층의 폭이 넓은 일본 사회에는 이런 '잠재적 지식인'이 넘쳐흐른다. 그리고 그들의 생각이 블로그 공간에 나타나기 시작했다.

나는 인터넷을 통해 매일같이 독자들의 생각을 읽고 나서 인터넷의 '저쪽 편'에 만들어 둔 사적인 공간(제5장에서 자세히 다룰 것이다)'에 이를 정리해 왔다. 그것이 하루에 200자 원고지 40~60장, 때로는 100장이 넘는 경우도 있었다. 그중에 다시 읽고 싶은 글은 그 출전을 기록해 놓았다.

『웹 진화론』을 내가 읽은 적 없는 사상서나 철학서와 결부시켜 글을 올린 사람들도 많았다. 그럴 때는 곧바로 인터넷 서점에서 그 책을 주문해 읽은 뒤, 내 책과의 접점을 찾으려 했다. 독자의 글에서 핵심을 뽑아 정리하기도 했다. 이런 일련의 과정에 1,000시간 이상을 투자하면서 다시 한번 깨닫게 됐다. '저쪽 편'에 만들어 둔 이 '노트'야말로 내가 앞으로 지적 생산 활동을 하는 데 가장 중요한 재산이 되리라는 것을.

물론 인터넷상의 '대중의 지혜'는 질서 정연한 형태로 모습을 드러내지는 않는다(물론 웹 시스템이 진화되면 그러한 질서가 부분적으로 실현될 것이다). 대중의 지혜는 '또 하나의 지구'에서 개인의 뇌 속에 나타나는 것이다. 어느 날 갑자기 그런 생각이 떠올랐고, 그것은 '새로운 뇌 사용법'의 싹을 실감하는 순간이었다.

인터넷 공간과 개인의 뇌가 연결될 때 대중의 지혜는 어떤 방식으로 개인의 뇌 속에 나타나는 것일까. 이 부분은 개인의 창조성이라는 영역으로 마지막까지 남아 있을 것이라고 생각된다. 지금까지는 개인의 경험과 생각이 '인간의 뇌'라는 물리적 제약

속에 갇혀 있었다. 그러나 앞으로는 느슨한 형태로나마 타인들과 연결되기 시작할 것이다. 그것이 바로 대중의 지혜이다. 그 가능성을 추구하는 일은 이미 시작되었다.

'믹시(MIXI)' 같은 소셜 네트워킹 서비스(SNS)와 블로그의 등장은 대중의 지혜의 미래가 어떤 것이 될지 어렴풋이 보여 준다. SNS건 블로그건, 서비스의 기본 틀이 현재의 모습으로 고정될 가능성은 없다. 미래를 향해 가능성을 더욱 확대시킬 것이다. 지금은 '대중의 지혜'의 원년일 뿐이며 지혜의 미숙한 단계에 불과하다.

물론 인터넷 공간에는 이상적인 모습뿐 아니라 부정적인 에너지도 도처에 널려 있는 것이 사실이다. 그 거대한 지식과 정보의 공간에는 옥석이 섞여 있다. 그리고 현실 세계의 빛나는 지식은 극히 일부만 인터넷에서 찾아볼 수 있다. 예를 들어 일본의 학자와 대학교수 중 블로그를 통해서 자신의 논문 또는 저작의 배경이 되는 발상과 사고 과정 등을 밝힌다든지, 강의를 녹화해 불특정 다수를 향해 발신하려는 사람은 거의 없다. 어찌 보면 웹 진화는 아직 첫걸음을 내딛지 못한 것일지도 모른다.

우리는 미래를 능동적으로 바꿀 수 있으며, 그 에너지는 낙관주의에서 나온다. 예를 들어 보자. 우선 내가 대중의 지혜에 대해 비전을 제시하고 실명으로 블로그에 글을 올린다. 그러면 여러 사람에게서 반응이 올 것이고, 나는 내 생각을 발전시켜 나가는 과정을 인터넷에 공개한다. 그러다 보면 지금까지 인터넷을 수동적인 도구로만 생각했던 사람들이 이에 자극받아 자신들의 생각과 경험을 올리기 시작할 것이다. 또 어떤 젊은 기업인은 내 블로그를 방문하여 나의 경험을 관찰하고 새로운 서비스 설계를 통해 이노베이션을 추구하게 될지도 모른다. 그런 다양한 시도들이 계속되다 보면 부정적 에너지가 줄어들고 '좀 더 살기 좋은 인터넷 공간'이 만들어지지 않을까?

지구 상의 모든 사람이 자유롭게 표현하고, 그런 의견이 불특정 다수에게 전달되는 사회를 나는 '총(總) 표현사회'라고 부르는데, 그런 사회에서는 우리들 한 사람 한 사람이 인터넷상에서 어떤 방식으로 행동하느냐에 따라 미래의 '또 다른 지구'의 모습이 크게 바뀔 것이다.

구글과 산업 혁명 전야의 영국

앞에서 나는 '1975년부터 2025년까지의 반세기'라는 식으로 시대를 구분했다. 영국의 산업 혁명에서 2025년에 이르는 기간이 약 250년이므로, 1975년부터 2025년까지의 반세기는 근대 공업 사회 시작 이후의 기간에서 5분의 1에 해당하는 '길이와 무게'를 차지한다. IT가 세상에 미친 영향을 생각할 때, 그 50년의 의미는 지식과 정보에 관련된 '또 다른 지구'를 구축한 기간이라고 할 수 있을 것이다. 그런 지구 창조자들 중에서도 가장 큰 비중을 차지하는 존재가 바로 '구글'이다.

내 주변에는 IT와 인연이 없는 문과 계열 출신의 친구도 많다. 전문 분야가 다른 나와 그들의 교류에 큰 변화기 나타난 것은 구글이 등장하면서부터다. 언제부터인가 친구들이 구글에 대해 수시로 언급하기 시작했다. 여태껏 IT를 화제에 올리지 않던 그들이 처음으로 나의 전문 영역인 IT에 관심을 보였다. 검색창 저편에 광대한 '지식의 공간'이 있음을 알리고 '미지의 세계'로 사람들을 이끌어 온 구글이 마침내 사람들의 지적 호기심을 자극하기 시작한 것이다.

『웹 진화론』에서 나는 '세상에 존재하는 모든 정보를 정리 정돈'하려는 구글의 장대한 비전을 소개했다. 이제 구글의 성장에 가속도가 붙기 시작했다.

인터넷에 공개된 전 세계의 정보는 365일 24시간 쉼 없이 가동하는 수십만 대의 구글 컴퓨터 시스템에 자동으로 입력되어 정리된 뒤 검색 엔진을 통해 무상으로 제공된다. 구글은 그것을 기반으로 '검색 연동 광고'라는 고수익 사업을 만들어 냈다. 그 결과 창업(1998년) 8년 만에 연간 매출이 10조 원을 넘어섰다. 수조 원 규모의 이익을 올리는 초우량 기업이 되어 버린 것이다.

구글은 그 거대한 수익을 지식과 정보를 정리 정돈하는 데에 아낌없이 투자한다. 예를 들어 지구 전체의 위성사진과 항공사진, 지도, 다양한 지리 정보를 통합한 '구글 어스(Earth)'라는 무상 서비스는 사람들에게 지구 전체를 조감할 수 있게 했다. 실시간 영상 서비스는 아직 구축되지 않았지만, 구글은 현재 지구 상에서 무슨 일이 일어나고 있는지를 알려 주기 위해 노력하고 있다.

구글은 또한 '구글 북 서치' 프로젝트와 관련하여 옥스퍼드, 하버드 등의 대학 도서관을 비롯한 세계 주요 도서관과 계약을 맺었다. 이 프로젝트는 '인류의 과거 예지'인 도서관 장서 수천만 권을 모조리 스캐너로 읽어 들여 색인을 작성한 뒤 검색할 수 있도록 하려는 것이다. 세계 각지의 도서관에 소장된 장서를 한 권 한 권 구글 컴퓨터에 입력하는 작업은 앞으로 10년 이상 걸릴 것이다. 그리고 나면 구글은 지금까지 인류가 갖지 못했던 지적 능력을 갖추게 되고, 과거의 예지는 지구인 모두에게 개방될 것이다.

구글을 보고 있노라면 다음과 같은 질문과 답변이 떠오른다.

"왜 산에 오르는가?"

"거기 산이 있기 때문."

'정리되지 않은 정보가 이 세상에 존재하는 것을 용납하지 않겠다'는 강력한 의지. 그것이 바로 구글의 특이성이다. 거대한 황무지를 불도저로 고르게 하듯, 그들은 지금까지 누구도 상상하지 못했던 '지식의 기반'을 정비하려 한다. 이러한 구글의 의지는, 수학자의 아들로서 스스로도 '지식을 사랑하는' 것에는 누구에게도 뒤지지 않는다는 자부심을 가진 두 명의 창업자(둘 다 1973년생)의 굳은 결심에서 시작되었다. 그러나 '또 하나의 지구'의 창조자는 구글만이 아니다.

'음극도다실(音極道茶室)'이라는 블로그에는 다음과 같은 표현이 있다.

"모든 웹 엔지니어는 지금 '산업 혁명 전야의 영국'에 있다."
(http://www.virtual-pop.com/tearoom/archives/000155.html)

이 표현은 구글의 생각을 정확히 전해 주는 것이다.

젊은 엔지니어들은 기본적으로 구글이 구축하려는 세계가 너무 좋아서 어쩔 줄 몰라 하는 사람들이다. 나날의 시행착오 속에서 자신이 만든 '코드'가 이뤄 내는 작은 기적이 너무 좋아 행복에 섞여 드는 사람들이다(물론 언제나 즐거운 일만 있는 것은 아니다). 그런데 인간이란 '즐겁게' 몰두하는 동안에는 의미나 이유 따위를 깊게 생각하지 않는 존재이다. '역사적 의미' 따위는 더더욱 생각하지 않는다. 그러나 한편으로 그들은 앞으로 일어날 인류의 역사적인 커다란 변화에 직접 영향을 미칠 수 있는 위치

에 있다. 이 얼마나 운 좋은 젊은이들이란 말인가. 모든 웹 엔지니어는 지금 산업 혁명 전야의 영국의 공업 기술자와도 같은 존재다. 그들은 바로 지금부터 일어날 혁명의 일익을 담당하고 있다.

역사 변혁의 시기에 시대의 최첨단을 달리면서, 역사를 바꾸는 현장의 주역으로 활약한다는 것은 아무나 누릴 수 있는 행운이 아니다. 만일 태어난 시대가 달랐다면 그런 행운을 누리기는 불가능했을 것이다. 태어난 시대가 같더라도 머무는 장소가 달랐다면 혁명적 변화가 일어나고 있다는 사실조차 모른 채 생을 마칠 수도 있다.

구글을 비롯한 인터넷 기업에 참여한 사람들, 각국에서 인터넷 서비스를 개발하는 젊은이들, 300만 명에 달하는 세계의 오픈소스 프로그래머들……. 그들 모두가 '또 하나의 지구'의 창조자들이다. 블로그에 몰두하는 나를 포함해 그들은 모두 자신들이 만들어 내는 코드(나의 경우는 블로그에 올리는 글)가 일으키는 작은 기적에 흥분하고 있다.

학습 프로세스를 둘러싼 변화

웹 진화의 가능성은 우리의 지적 호기심을 자극하고 희망을 안겨 주었다. 그러나 다른 한편으로 우리는 '과연 희망대로 될까' 하는 불안도 느낀다. 이는 '지식과 정보'의 혁명적 변화가 우리 직업의 존재 방식(나아가 인생 계획)에 대지진을 초래할 수도 있다는 생각 때문이다. 총 표현사회가 찾아온 덕분에 새로운 표현자가 속속 나타나고 있다. 그들에게서 나온 표현과 지식은 구글 등의 시스템에 의해 순식간에 정리 정돈되어 무상으로 제공된다. 이런 현실은 그동안 지식 생산과 관련된 일을 해 온 사람들에게 큰 영향을 미친다. 지식의 소비자에게는 멋진 세상일지 모르지만, 지식 공급자에게는 "앞으론 뭘 해서 먹고사나"라는 복잡한 상념에 젖게 하는 세상인 것이다.

이러한 현상은 특히 미디어 산업과 IT 산업 분야에서 뚜렷이 나타난다. 일부 분야에서는 웹 진화가 생활의 기반과 직업의 존재 방식까지 위협할 것이라는 불안이 확산되고 있다. 이것은 부인할 수 없는 사실이다. 그러나 동시에 '새로운 직업'도 대거 탄생할 것이 예상된다.

중요한 것은 우리들이 인생의 이른 시기에 경험하는, 전문성 및 실무 능력(인생을 개척하는 도구)을 익히는 학습 프로세스와 그 의미를 둘러싸고도 커다란 변화가 일어나고 있다는 것이다.

장기의 거두 하부 요시하루(羽生善治)는 그러한 변화의 본질을 '학습의 고속도로와 대정체'라는 개념으로 그려 냈다.

앞으로의 시대에는 일단 언어화된 지식은 인터넷을 통해 손쉽게 공유된다. 따라서 어느 분야가 됐건 그 분야의 일인자가 되겠다는 의지만 있으면 마치 고속도로를 질주하는 것처럼 빠르고 효율적으로 과거의 예지를 흡수할 수 있다. 그런 '학습의 고속도로'가 온갖 분야에서 건설될 것이다. 학습의 고속도로는 50∼60대에게 가장 이상적이다. 직장에서 은퇴하고 경제적으로 불안이 없는 50∼60내가 취미나 전문 지식을 익히려 할 때, 학습의 고속도로보다 좋은 도구는 없다.

그러나 학습의 고속도로에는 한계가 있다. 하부 요시하루에 따르면, 고속도로의 종점 부근(해당 분야에서 프로의 바로 아래 단계 수준)에서 대정체가 발생한다는 것이다. 그러므로 그러한 공

부 방법으로 도달할 수 있는 곳은 프로 아래 단계인 종점 부근까지라는 이야기다.

"누구에게나 기회가 주어지기 때문에 참여자가 늘어난다. 새로운 참여자들이 대거 고속도로에 진입해서 종점을 향해 질주한 결과, 종점 부근은 대정체에 빠지고 만다. 그 분야의 프로로서 밥을 먹고 살아갈 수 있을지의 여부는 대정체 구간에 접어들었을 때 자신의 미래에 대해 창조성을 발휘할 수 있느냐에 달려 있다."

이것이 하부 요시하루의 문제 제기였다.

많은 사람이 학습의 고속도로에 대해 이야기해 왔다. 그러나 종점 부근에서 '대정체'가 발생한다고 지적한 사람은 그가 처음이다. 사물의 본질을 꿰뚫는 그의 천재적인 면을 잘 보여 준다.

나는 그가 말한 개념을 내 블로그에서 소개했다. 그러자 프로그래밍이나 물리학의 세계는 물론이고 법률에서 고고학, 만화, 종이접기에 이르기까지 다양한 분야에서 "지적한 바로 그런 일이 실제로 일어나고 있다"는 반응이 답지했다. 하부가 제시한 개념이 큰 공감을 불러일으킨 것이다.

대정체 구간을 돌파해 살아남는 데에는 두 가지 길이 있다. 하나는 '높고 험난한 길'을 추구하는 것이다. 또 하나는 정체 부근에서 고속도로를 벗어나, 도로 표지판 하나 없고 짐승이나 다니는 '험한 산길'을 걷는 방법이다.

어떤 길을 택하건 경쟁력을 갖추려면 우선 자신의 적성에 맞는 분야를 선택하고, 자신이 지향하는 바를 확실하게 인식하며 (그것이 바로 전략 그 자체이다), 좋아하는 일을 포기하지 않고 끝까지 해내겠다는 의지를 가져야 한다.

사람은 누구나 시간의 흐름을 잊을 정도로 '좋아하는 일'이나 '하고 싶은 일'에 몰두할 때 충만감을 느낄 수 있다. 자신에게 걸맞은 일이기 때문에 더욱더 오랜 기간 그 일을 계속할 수 있고, '계속하는 것'은 다시 힘이 되고 경쟁력이 된다. 비교적 이른 시기에 자신이 좋아하는 것을 깨닫는다면, 자신에게 안성맞춤인 데다 정체도 심하지 않은 고속도로를 선택할 수 있을지도 모른다.

좋아하는 정도가 강하고 또 스스로의 재능에 자신감을 가질 수 있다면 '높고 험난한 길'을 추구하면 된다. 만약 그렇지 않다면 대정체가 시작된 지점에서 고속도로를 빠져나와 자신의 지향성을 의식하면서 험난하지만 좋아하는 길, 즉 '험한 산길'을 걸어가도 된다.

'좋아하는 일'과 '생계 해결'을 양립시키려면?

나는 사상이나 철학 분야에서는 아마추어다. 하지만 역사를 살펴보면, 후세에 큰 영향을 미친 위대한 사상과 철학의 상당수는 격변하는 시대의 최첨단에 서서 그 시대의 의미를 되새기고 어떻게 살 것인가를 필사적으로 고민하는 과정에서 피어났다. 1975년부터 2025년까지의 반세기를 'IT가 세상을 크게 바꾼 시대'라고 평가할 수 있다면, 그러한 시대 변화의 최첨단 '지식의 현장'은 웹 진화의 주변에 있을 것이 확실하다. 과연 거기에서 역사에 길이 남을 사상과 철학의 싹이 자라나고 있는 것일까.

나는 오픈소스 사상을 '프로그래머 등 새로운 직업인들이 공유하는 새로운 삶의 방식'이라고 본다. 이들은 '해커 윤리'라고

도 할 수 있는 새로운 사상을 추구하는데, 지금 그 사상은 선진국 젊은이들을 중심으로 직업의 틀을 넘어 세계로 확산되는 과정에 있다. 여기서 말하는 해커는 흔히 알고 있는 컴퓨터 침입자가 아니라 컴퓨터 기술에 정통한, 엄청난 능력을 갖춘 기술자를 의미한다.

프로그래머로서 창조성에 자부심을 가지며, '오픈'이라는 현상에 가치를 느끼고, 보수보다 동료들의 칭찬을 중시하며, 정보의 독점보다는 공유를 지향하는 것이 해커 윤리의 특징이다. 그리고 그 근간에는 '못 견디게 좋아하기 때문에 한다'는 강력한 충동이 있다. 금전적인 동기 부여를 통해 일하도록 만드는 것보다는 자발적으로 재미와 보람을 추구하는 것이 훨씬 큰 성과를 달성할 수 있다는 확신이 오픈소스 운동의 사상적 기반이다.

리눅스의 창시자 리누스 토발즈의 다음과 같은 발언은 해커들의 심리를 잘 설명해 준다.

해커들에게 '살아남을 수 있느냐'는 주된 관심사가 아니다. 그들은 정크 푸드와 졸트 콜라(Jolt Cola. 카페인이 일반 콜라의 2배 이상 들어간 콜라로 밤샘을 많이 하는 학생이나 컴퓨터 프로그래머들에게 인기 있는 음료—옮긴이)만으로도 충분히 살아갈 수 있다. (중략) 생존 여부가 어느 정도 동기를 부여하기는 한다. 그러나 그것이 다른 모든 것을 무시할 수 있을 정도로 큰 의미를 갖지는 않는다. (중략) 그만큼 그들은 돈벌이에 별로 신경을 쓰지 않는다는 얘기다. 리눅스(Linux) 해커들이 뭔가를 하려는 이유는 그것이 매우 흥미롭기 때문이다. 또 그처럼 흥미로운 것을 다른 사람들과 공유하고 싶기 때문이다

—페카 히마넨(Pekka Himanen), 『해커의 윤리(The Hacker Ethic)』 중에서

세상이 풍요로워지고 물질이 넘쳐흐르면서 선진국의 '중하
(中下)' 혹은 '하상(下上)' 계층 이상의 사람들에게 생존의 위기
는 현실적으로 사라졌다. 그들은 이러한 시대에 걸맞은 새로운
삶의 방식을 추구하게 되었고, 그것은 '또 하나의 지구'를 구축
하는 데 지배적인 사고방식으로 자리 잡았다.

리누스 토발즈만 해도 조직에 소속된 기술자 이상으로 근면한
일상을 보내고 있다. 그의 생활은, 좋아하는 일을 하면서 그럭저
럭 시간을 보낸다거나 하기 싫은 일을 피하면서 한가롭게 시간
을 보내는 식의 안이한 행태와는 거리가 멀다. 좀 더 정확히 말
해 완전히 그 반대라고 할 수 있다. '재미와 보람이 있는 일'에
몰두해 장시간 온몸을 던진다. 덕분에 사회에 대한 공헌도는 저
절로 커지며 자신의 일에 대한 자부심 또한 그만큼 커진다.

아마도 나이 든 사람들은 "하고 싶은 일만 하면서 살 수 있을
정도로 세상살이가 쉬운 줄 아느냐"고 말할 것이다. 그들은 "정
크 푸드와 졸트 콜라만으로 살아갈 수 있는 것은 젊으니까 가능
한 일이다. 그보다는 사회에서 통용될 수 있는 인간이 돼라"고
이야기하고 싶을 것이다. 바로 여기에 세대 간의 뿌리 깊은 단절
이 있다. 이 책은 '좋아하는 일을 계속할 수 있는' 새로운 삶의
방식과 현실 사회 간의 협상을 시도한다. '좋아하는 일'과 '생
계 해결'을 양립시키려면 어떻게 해야 좋을지 진지하게 생각해
보려고 한다.

가능성은 현실 세계와 인터넷의 경계 지점에 펼쳐져 있다

'또 하나의 지구'를 설명하기란 쉽지 않다. 그것은 실제로 그 안

에서 생활하듯이 살아 봐야 실감할 수 있는 존재이기 때문이다. 그리고 실제 그런 삶을 사는 사람들조차도 활동 공간은 인터넷의 극히 일부 영역에 국한되어 있다. 따라서 각자 활동하는 인터넷 공간이 어디인가에 따라 또 하나의 지구에 대한 인식은 달라진다. 또한 언어권별로 인터넷 공간의 충실도도 매우 다르다.

"인간에게 시각, 청각 등 원초적인 오감이 있다고 한다. 하지만 인간의 뇌는 우리들이 생각하는 것보다 훨씬 유연하다. 고차원적 지각에서는 환상과 현실의 구별이 없어진다. (중략) 지금 우리들은 인터넷이라는, 돌연 눈앞에 펼쳐진 세계에 대해서만 유효한 '제6감'을 발달시키는 길고 긴 진화의 과정에 착수했다."

소프트웨어 업체인 '인포테리아 USA'의 대표 에지마 겐타로(江島健太郎. 1975년생)의 말이다(http://blog.japan.cnet.com/kenn/archives/002665.html).

그의 말에서 알 수 있듯, 인터넷 세계의 최첨단을 살아가는 젊은이들은 이제 인터넷과 현실을 구분하지 않는다. 아니, 구분해서 이해하려고 시도하는 순간 이해하는 것이 불가능해지고 만다.

인터넷에서 '생활하듯' 사는 사람과 인터넷을 거의 사용하지 않는 사람은 서로 다른 세계에 살고 있는 것이나 마찬가지다. 앞으로 상당 기간 두 세계는 공존할 것이다. 더불어 '또 하나의 지구'와 '실제 지구'의 모든 접점에는 '현실과 인터넷의 교체'라는 단순 구도로는 설명할 수 없는 복잡한 경계 영역이 생겨날 것이다. 그리고 그 경계 영역에는 새로운 직업이 대대적으로 포진할 것이다. 물론 경계 영역에서 활용할 수 있는 기술을 익힌 사람은 아직 소수이며, 경계 영역이 요구하는 능력이 무엇인지도 지금으로서는 명확히 정의돼 있지 않다.

다만, 경계 영역과 가상(=버추얼) 경제권의 발달이 탄생시킬 새롭고도 다양한 직업 세계에서는 학력보다 '지금 무엇을 할 수 있는가'가 중시되며, 조직에 자유롭게 드나들 수 있고, 언제나 재도전이 가능하기 때문에 개인이 다양한 방식의 삶을 추구할 수 있는 사회가 될 것임이 분명하다. 프로 스포츠 선수처럼 젊을 때 한평생 살아갈 수 있는 돈을 버는 세계도 있을 것이다. 다른 한편으로 오픈소스 방식으로 참가할 수 있는 직업 커뮤니티도 늘어날 것이다. 전문성이나 취미의 영역에서 소득(큰 액수는 아닐지라도)이 생기고 생계를 해결할 수 있는 기회가 많아진다. 각자의 개성에 맞는 사회 공헌을 할 수도 있게 된다. 그와 같은 새로운 직업 환경이 확대되는 사회, 나는 그런 미래를 희망한다.

새로운 시대를 위한 6가지 준비

'혼돈스럽기 때문에 더욱 흥미로운 시대'가 다가오고 있다. 새로운 기회가 우리들 앞에 놓여 있다. 어떻게 준비해야 기회를 놓치지 않고 자기 것으로 만들 수 있을까.

다음의 6가지가 중요하다.

첫째, 대변혁의 시대를 두려워하지 않아야 한다. 흥미로 가득한 시대를 기꺼이 즐기겠다는 마음가짐을 가져야 한다.

둘째, 인터넷은 개인의 가능성을 넓혀 주고 개인을 개방시켜 주는 환경이라고 생각해야 한다. 인터넷 세계나 인터넷과 현실의 경계 영역에서는 현실 세계보다 훨씬 다양한 선택과 자유가 보장되고 개인이 개성을 최대한 발휘할 수 있게 된다.

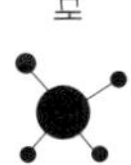

셋째, 그러한 가능성을 추구하려면 정신적으로 자립해야 한다. 우리들은 현실적으로 조직이나 국가, 가족, 지역 등 다양한 커뮤니티에 소속되어 있다. 개인이 자신이 속한 조직이나 커뮤니티에 매몰되지 않고 정신적으로 자립할 수 있다면, 혼돈의 시대라 할지라도 완전히 새롭고 자유로운 가능성의 공간인 인터넷이 우리 앞에 나타날 것이다.

넷째, 미래는 창조하는 것이라는 사실을 유념해야 한다. 지금 우리 사회는 제조 및 유통 등 '눈에 보이는 것'이나 '손으로 만질 수 있는 것'과 관련해서는 이노베이션이 활발하다. 그러나 보이지 않는 인터넷 세계에 대한 시선은 회의적이다. 인터넷과 현실의 경계 영역에 새로운 직업이 탄생할 가능성은 매우 높다. 하지만 특정 국가에 새로운 직업이 생겨날지의 여부는, 그런 미래를 창출하겠다는 의지를 가진 사람들이 그 나라에 얼마나 많이 존재하느냐에 달려 있다.

다섯째, 사회에 존재하는 다양한 문제를 남의 탓으로 돌리면 안 된다. 정부라는 존재는 커다란 변화 앞에서 무기력하다고 간주하고 과감한 '자조 정신'으로 대처해 나가야 한다. 큰 조직보다는 개인이 변화에 대한 적응력이 높다. 따라서 스스로 긴장감을 갖고 살겠다는 각오를 해야 한다. 각 개인이 적극적으로 인터넷 세계를 향해 나아가며 가능성을 추구해야 한다. 그럴 경우 위기는 기회로 바뀐다.

여섯째, '또 하나의 지구'를 건전하게 진화시키고 발전시키려면 지금보다 나은 삶에 대한 희망과 확신과 의욕을 가져야 한다. 그리고 분야별로 뛰어난 사람이 '개방적 의식'을 갖고 참여하며 지도해야 한다.

이제부터 나는 '웹 진화'라는 시대적 변화의 한가운데에서 우리들 한 사람 한 사람이 어떤 마음가짐으로 살아가야 하는가를 테마로 이야기하고자 한다.

1장

또 하나의 지구를 구축하다

웹 진화는 경제와 산업에 직접적인 영향을 미치는 것 못지않게 우리들 개개인의 일상생활에도 영향을 미친다. 그리고 그 방법은 경제 게임을 통해 산업 구조를 바꾸는 것이 아니라, 지식과 정보의 게임이 갖는 힘으로 우리들 한 사람 한 사람의 가슴에 변화를 만들어 내는 것이다. 그것이 바로 '또 하나의 지구'의 본질이다.

세계의 모든 정보를 정리 정돈하겠다는 비전. 그러한 비전을 내걸고 질주하는 '웹 진화의 속도 조절자(Pace-setter)'. 이렇게 난해한 존재인 구글이 마침내 비즈니스 세계의 중심에 섰다. 웹 시대를 제대로 살아가려면 구글의 사상을 명확하게 이해해야 한다.

'앞으로의 10년'이라는 기간에 웹 진화를 개척할 존재는 구글뿐이 아니다. 라이벌인 야후와 마이크로소프트는 물론, 모든 벤처 기업이 구글을 의식하며 추격하고 있다. 그러한 의미에서 구글은 경쟁의 속도 조절자 역할을 하고 있는 셈이다. 이번 장에서는 구글에 대해 반드시 알아야 할 사항을 가능한 한 쉽게 설명하겠다.

구글이라는 기업은 독특한 개성을 지녔다. 그것은 '인터넷의 의지를 실현하겠다는 욕구', 다시 말해 '인터넷 신(神)에 대한 신앙심'이 돈독하다는 것이다(『웹 진화론』 제2장). 인터넷상의 방대한 정보를 정리 정돈해서 세계의 모든 사람에게 보급하는 것, 그것이 바로 인터넷 의지의 실현이라고 구글은 생각한다.

그런데 '퍼블릭(공공적)'하고 '오픈(개방적)'되어 있으며 '프리(자유, 무상)'한 인터넷의 발달은 주로 비영리 활동에 의해 추진되어 왔다. 지금도 인터넷의 상당 부분은 아카데믹한 세계를 중심으로 한 볼런티어(Volunteer) 활동에 의해 지탱되고 있다. 그것은 인터넷이 "자유로우며, 모든 것을 공유하고, 개방적이며, 집중된 중앙 권력을 갖지 않는다"는 태생적인 사상을 가졌기 때문이다. 따라서 구글이 인터넷의 의지를 실현하고자 하는 존재라고 말하면 비영리 활동을 견인하고 있는 엔지니어들은 다음과 같이 반론할 것이다.

"영리 기업 주제에 그런 말을 할 수 있는가. 구글이 영리 기업이라는 사실 자체가 모순이다."

"인터넷의 의지는 구글이 중심에 존재하는 것을 원하지 않는다."

만약 '인터넷 신'이 존재한다면, 그 신은 "공헌자들은 비영리적으로 헌신해야 한다."고 말할지도 모른다.

그러나 구글은 영리를 추구하는 기업일 뿐 아니라, 엄청난 이익을 거두고 있는 초우량 기업이다. 그리고 기업이 아니었다면 불가능했을 규모로 인터넷의 의지를 추구하며 실현하고 있다. 그들은 자신들의 위상을 규정하듯, "사악(evil)한 일은 하지 않으며, 세계를 더 좋은 곳으로 만든다."는 거창한 사명을 내걸었다. 창업 초기에 입사한 사원들 중에는 "우리들은 세계를 개량하기 위해 일한다."는 의식을 가진 사람이 많다. 구글은 자신이 창조한 비즈니스 모델이 '부(富)를 낳는 엔진'으로 작동하기 시작하면서부터 크게 변화했다.

흔히 기업은 '이익이 발생하는 구조'가 만들어지고 성장하기 시작하면 비즈니스를 중시하는 기업 문화가 자리 잡게 된다. 그런 기업 문화가 점차 기업을 '상식적인' 방향으로 변질시켜 간다. 그러나 구글은 다르다. 이익 규모가 커지면 커질수록 본래의 개성이 더욱 두드러진다. 마치 '진정으로 인터넷의 의지를 실현할 수 있는 존재는 구글뿐'이라는 사명감과 오만함이 하나로 합해진 듯한 존재가 되어 가고 있다. '퍼블릭, 오픈, 프리'를 핵심으로 하는 인터넷 세계를 과연 영리 기업이 주도할 수 있을까. 구글은 그런 근원적 모순을 담고 있는 존재인 것이다.

내가 이러한 '구글의 불가사의'를 주제로 강연했을 때, 한 경영자는 이렇게 말했다.

"저는 기독교계 학교 출신인데, 선생의 얘기를 듣자 구글의 분위기가 손에 잡힐 듯 이해되었습니다. 미션 스쿨을 다닐 당시의 학교 분위기가 떠오르더군요. '아, 그런 세계구나!'라고 단번에 이해했습니다."

세계 광고 시장의 중심에 서려는 구글

1990년대 후반 구글 창업자들이 검색 엔진 개발에 몰두할 당시에는 아직 그들의 머릿속에 비즈니스 모델이 그려지지 않은 상태였다. 그들은 '이용자를 위해 멋지고 편리한 것을 만들어 낸다면 비즈니스는 저절로 해결될 것'이라고 생각했다. 그러나 검색 엔진의 사업화는 시행착오를 거듭했고, 21세기 초에 들어서야 겨우 '검색 연동 광고'라는 사업 구조가 완성되었다. 그 후 구글은 연간 매출 10조 원을 넘어서며 막대한 이익을 남겼고, 성장 속도 역시 꾸준히 유지되고 있다. 창업 10년을 넘어서는 2008년에는 연매출 20조 원 이상, 순이익 5조 원 이상의 기업이 될 것으로 예측된다.

도대체 구글의 사업은 왜 이토록 빨리 성장하고, 왜 이렇게도 많은 이익을 내는 것일까.

그것은 검색 엔진이 '또 하나의 지구'에서 '세계의 연결 고리' 역할을 하는 존재가 되었기 때문이다. 그렇기 때문에 전 세계에서 매달 5억 명 이상이 구글을 이용하기에 이른 것이다. 사용자는 관심 사항을 '키워드'로 검색해서 결과를 얻는다. 구글

은 관심 사항이 표출된 순간 사용자 전체를 '관심 사항'을 기준으로 자동 분류한다. 기술과 사업을 연결하는 열쇠가 바로 여기에 있다.

검색 연동 광고란, 사용자가 특정 키워드를 검색하면 그 결과가 나타난 화면에 키워드와 관련된 광고로 연결해 주는 링크가 표시되고, 사용자가 그 광고를 클릭한 순간 요금이 부과되는 구조다. 광고 매체가 아닌 광고주가 '광고를 클릭하면 한 명당 얼마를 지불하겠다'는 식으로 광고 단가를 설정하고, 그것을 경매로 낙찰받는 방식이다. 그런데 이렇게 단순한 사업이 믿을 수 없는 속도로 성장하고 있다. 아마 구글 창업자들도 내심으로는 놀라지 않았을까 싶다. 어떻게 이 사업이 이토록 성장할 수 있고 이렇게도 많은 이익을 남겨 주는 것일까 하고.

검색 연동 광고의 성장은, 우리에게 친숙한 TV나 신문, 잡지 등의 광고 가격 설정에 납득할 만한 근거가 없었다는 것을 의미한다. 시청률이 높은 TV 프로그램의 스폰서가 되려면 수억에서 수십억 원 단위의 비용이 들어간다. 전국지에 전면 광고를 게재하려면 몇천만 원 단위, 주요 잡지일 경우 수백만 원 단위, 전문지는 몇십만 원 단위가 든다. 아마도 과거 어느 시점에 나름의 논리로 '광고비의 상식'이 정해졌을 것이다. 그리고 여태껏 그것을 대체할 수단이 등장하지 않았기 때문에 '비용 대비 효과'가 제대로 검증되지 않은 상태로 오늘날에 이른 것이다. 검색 연동 광고의 성장은 곧 '검색 키워드에 의한 이용자 분류'가 과거의 미디어 타기팅과는 비교할 수 없을 정도로 세분화되고 정확해졌다는 것을 의미한다.

미국의 『비즈니스 위크』는 〈구글은 지나치게 강력한가〉라는 제목의 특집 기사(2007년 4월 9일자)에서 "구글이 결국은 국제 광고 회사(Universal Advertising Inc.)가 되고, 미국 최대의 소비재 용품 업체 P&G가 자사의 막대한 광고 예산 전액을 구글에 배정하게 될지도 모른다."는 전망을 소개했다. 나는 이것이 정확한 분석이라고 본다.

구글은 인터넷 외에 TV, 라디오, 신문 등의 광고 중개 사업에도 진출함으로써 주요 매체 전체에 광고를 송신하는 체제를 갖추어 가고 있다. '인터넷 및 기술 지향적 광고 대리점'으로서 구글은 세계 시장 규모 약 500조 원에 달하는 광고 산업의 중심에 서려 하는 것이다.

'퍼블릭, 오픈, 프리'와 '엄청난 이익'의 기적적인 조합

구글의 사업 전략에는 '검색 엔진 구축'과 '검색 연동 광고라는 고수익 사업 창조', '기업 매수라는 경영 수법을 통한 광고업계 패권 쟁취' 등이 포함된다. 막대한 매출액과 수익성을 자랑하는 구글의 비즈니스를 이러한 하나의 흐름으로 설명할 수 있다.

그러나 '구글의 비즈니스를 이해하기 위한 이론'이 곧 구글의 존재 이유는 아니다. 구글의 존재 이유는 '세계의 정보를 빠짐없이 정리 정돈하는 것'이다. 검색 엔진을 구축하는 과정에서 구글은 '근거 없는 광고 단가 설정'이라는 비즈니스계의 대광맥에 주목했고 그것에 도전장을 내밀었다. 자신의 존재 이유를 대대적으로 추구하고 실현하는 데 필요한 자본을 확보하기 위해 광고 산업의 패권을 노린 것이다. 이렇게 생각하는 것이 구글을 제대로 이해하는 길이다.

　구글은 '검색 엔진을 비롯한 다양한 서비스를 개방하여 무료로 제공하기만 하면 돈을 벌 수 있다'는 식의 '선(善)의 구도'를 만들어 왔다. 검색 연동 광고는 '퍼블릭, 오픈, 프리'라는 인터넷의 특성을 유지하면서 부를 창출하는 엔진이다. 구글은 그토록 기적적인 조합이 이루어지는 엔진을 확보한 것이다. 그것이 바로 모든 것에 우선하는 구글의 본질이다. 구글은 과신으로 보이기까지 하는 자신감을 가지고 주저 없이 자신의 존재 이유를 추구하고 있다.

　인터넷이라는 거대 공간은 두 분야로 나뉜다. 그 하나는 무상으로 아무 제한 없이 접근할 수 있는 '퍼블릭, 오픈, 프리'의 공간이다. 또 하나는 사용자의 이름과 패스워드 등을 입력해야 들어갈 수 있는 사적인(private) 공간이다. 검색 엔진이 취급하는 대상은 전자이다. 구글이 '기필코 지배할 것'이라고 다짐하는 공간 역시 '퍼블릭, 오픈, 프리'의 공간이다. 유튜브(YouTube, 동영상 공유 사이트)는 그런 구글에 도전장을 낸 위협적인 존재였고, 그래서 구글은 유튜브를 곧바로 매수해 삼켜 버렸다(2006년 10월). 앞으로도 퍼블릭한 공간에 새로운 위협이 나타나면 구글은 주저 없이 그것을 흡수해 버릴 것이다.

　언론들은 유튜브가 과연 흑자를 낼 수 있는 기업인가에 의문을 제기했지만, 정작 구글은 유튜브의 채산성에 대해서는 그다지 큰 관심이 없다. 막대한 돈이 벌리는 '구조'가 생겨났다는 점에 주목할 뿐, 단기적인 채산은 도외시하고 있다. *

　구글과 관련하여 우리가 앞으로 주목해야 할 점은, 구글이 'SNS(소셜 네트워킹 서비스. 인맥 구축 사이트인 Facebook 등이 그 예이다)'나 '버추얼 월드 운영 서비스(가상공간에서 자신을 표현하는 사이버 캐릭터인 아바타를 이용해 현실 세계와 유사한 경제 활동 및 생활을 실현시켜 주는 온라인 가상현실 공간. Second Life 등이 있다)'와 같이 사적인 공간에서 그 존재감을 구축해 가는 회사를 매수하여 사업 영역을 사적 공간으로까지 확대할지의 여부다.

IT 산업의 패권을 노린다

구글에는 두 번째 얼굴이 있다. 컴퓨터 산업의 구조를 '본연의 모습'으로 개조하려는 의지를 지닌 기업으로서의 얼굴이다. 구글의 CEO 에릭 슈미트(1955년생)는 기회가 있을 때마다 "구글은 컴퓨터 과학자가 경영하는 회사"라는 말을 해 왔다. 그 발언에는 자신이 실리콘밸리의 '본류'라는 강렬한 자부심이 표출되어 있다.

영국의 경제 주간지 『더 이코노미스트』가 발행한 특별호 *The World in 2007*에 실린 기고문에서 슈미트는 "정보나 애플리케이션(워드 프로세서, 웹 브라우저, 이미지 편집 프로그램 등의 응용 프로그램—옮긴이)이 모두 확산된 사이버스페이스 대기권에서 제공되는 '클라우드 컴퓨팅' 시대에 진입할 것이다."라고 말했다. 인터넷을 형상화할 때 일반적으로 구름으로 표현하곤 하는데 바로 그 구름, 즉 클라우드가 인터넷의 '저쪽 편'을 의미하는 것이나. '이쪽 편'인 개개의 컴퓨터에 정보와 애플리케이션을 입력해 두지 않아도 '저쪽 편'에서 모두 제공해 주는 것이 진화된 컴퓨터 과학 본연의 모습이다. 그리고 그렇게 진화시키는 것이야말로 '인터넷 의지'를 실현하는 일이라는 것이 구글의 믿음이다.

슈미트가 말하는 클라우드 컴퓨팅의 '확산된 사이버스페이

스 대기권'은 도대체 어디에 존재하는 것일까. 물론 실제 우주 공간에 있을 리는 없다. 그것은 바로 지상의 데이터 센터 내부에 있다. 구글은 광활한 부지를 마련하여 여러 개의 거대한 데이터 센터를 구축했다. 그리고 장비와 인원을 집중 투입해 이 센터들을 고속 네트워크로 연결하는 작업을 하고 있다. 구글의 설비 투자는 2005년 하반기부터 급증하기 시작했고 2007년 이후에는 매년 2조 원 이상의 설비 투자가 이루어질 전망이다. '이익이 발생하는 구조'라는 대광맥에 도전함으로써 확신을 얻은 구글이 설비 투자에 주저함이 없어진 것이다. 여기에 기업용 애플리케이션까지 '저쪽 편'에서 제공하기 위해 계속해서 인터넷 벤처를 매수하고 있다. 눈앞의 채산성은 제쳐 놓고 애플리케이션 품목을 갖추는 데 공을 들이고 있는 것이다.

세계의 정보를 모조리 정리 정돈한다는 구글의 존재 의의와 표리일체의 관계에 놓인 광고업계 패권 획득 작업. 구글의 이 같은 '첫 번째 얼굴'은 기존의 미디어 산업을 위협했다. 이제 '컴퓨터 산업을 개조한다'는 두 번째 얼굴이 도전장을 내민 분야는 바로 마이크로소프트가 장악하고 있는 IT 산업의 패권이다. 이것은 IT 산업 전체의 구도를 위협하는 거대한 도전이 될 것이다.

'또 하나의 지구' 구축의 방정식

'또 하나의 지구'의 핵심은 '퍼블릭, 오픈, 프리'를 특징으로 하는 인터넷 공간이다. 그 퍼블릭 공간을 특정 목적을 가진 무수한 사적 공간이 보완하는 구조로 되어 있다.

그렇다면 '또 하나의 지구'를 구축함으로써 초래될 경제 메커니즘은 무엇일까.

　퍼블릭 공간에서는 수익자(＝이용자)가 서비스를 무상으로 이용할 수 있다(사적인 공간에도 무상 서비스는 많이 있으며, 광고 수입이 그것을 지탱해 준다). 수익자는 퍼블릭 공간의 인프라를 구축하는 데 드는 비용을 부담하지 않는다. 그것은 퍼블릭 공간의 인프라가 광고 수입으로 지탱되는 '수익자 비부담형 인프라'이기 때문이다.

　휴대 전화 등의 통신 인프라에서 기업의 정보 시스템, 마이크로소프트가 제공하는 윈도나 오피스에 이르기까지 기존의 IT 관련 인프라는 모두 이용자가 비용을 부담하는 '수익자 부담형 인프라'였다. 그러나 기존의 민영 TV처럼 수익자가 비용을 부담하지 않는 구조가 IT 세계에도 등장하게 된 것이다.

　웹 2.0의 본질은, 인터넷상의 불특정 다수의 사람들(혹은 기업)을 '수동적인 서비스 향유자'가 아니라 '능동적 표현자'로 보고, 그들을 적극적으로 끌어들이기 위한 기술과 서비스를 개발하는 것이다. 중요한 것은 그런 서비스가 무상, 혹은 무상에 한없이 가까운 형태로 제공된다는 것이다. 블로그나 유튜브 및 믹시의 폭발적 보급은 모두 그런 메커니즘에서 기인한 것이다.

　하지만 '또 하나의 지구'라고 표현할 정도로 광대한 지식과 정보의 공간을 구축하는 일이 앞으로도 광고 수입만으로 가능할까. 현재 세계 광고 시장의 규모는 약 500조 원에 이른다. 거기에 검색 연동 광고가 등장해, 그간 광고를 해 보지 않았던 소규모 기업과 개인의 '롱테일(Longtail)' 수요를 발굴해 내고 있다. 기업이 고객 확보를 위해 투자하는 '다이렉트 메일' 등의 마케팅 비용을 대체할 새로운 광고 수요도 기대된다. 이렇게 볼 때

앞으로 세계 광고 시장의 전체 규모는 연간 600조∼800조 원에 달할 것으로 예상된다. 2015년에는 세계 인터넷 광고 시장의 규모만도 약 100조 원으로 성장할 것이다.

"급성장하고 있는 구글의 광고 수입이 언제쯤 둔화될 것으로 보느냐"는 투자자들의 질문에 구글 CEO 슈미트는 "물론, 모든 것이 그렇듯, 우리도 언젠가는 둔화될 것이라고 생각한다. 그러나 아직은 구글에서 둔화의 조짐을 찾아볼 수 없다."고 대답했다. 설사 인터넷 광고 시장이 장차 100조 원에서 200조 원 사이의 어느 지점에선가 성숙기를 맞는다 해도, 그 정도 규모의 광고비가 매년 인터넷 세계로 흘러들기만 한다면 '또 하나의 지구'를 흔들림 없이 구축하는 데에는 충분한 자본이라고 볼 수 있다.

IT 업계의 저가 혁명(Cheap Revolution) 덕분에 인프라 구축에 대한 투자 효율은 계속 올라갈 것이다. 지식과 정보를 입력하는 작업은 전 세계적으로 '대중의 지혜'가 수억 단위로 존재하고 정부나 공공 기관 또는 기업 등의 조직이 인터넷을 활용해 정보를 발신하고 공개하는 구도 속에서 자동적으로 축적·정리된다. 즉, 또 하나의 지구(특히 퍼블릭 공간)를 구축하는 메커니즘은 다음과 같은 방정식으로 표시할 수 있다.

또 하나의 지구
=광고 수입×저가 혁명×대중의 지혜×조직의 정보 발신

웹 2.0의 본질은 '지식과 정보의 게임'

또 하나의 지구를 구축하는 데에 들어가는 자본은 전 세계를 통틀어 100조~200조 원 규모다. 그러나 현실 세계의 경제 규모는 이와는 비교가 되지 않을 정도로 거대하다. 『닛케이(日本經濟新聞)』나 『월 스트리트 저널』 같은 언론 매체들은 또 하나의 지구가 구축되건 말건, 앞으로도 현실 세계의 경제 뉴스로 지면을 채울 것이다.

'인터넷' 하면 곧바로 인터넷 비즈니스를 떠올린다든지, 인터넷 비즈니스의 동향만으로 웹 진화의 의미를 판단하려 한다면 본질을 놓치게 된다. 인터넷을 둘러싼 현상을 볼 때, 그것은 나날이 명확해져 간다.

구글이 경제에 미치는 영향이 '광고 산업의 하위 구조' 수준이라는 사실을 알게 되면 아마도 기존 언론 매체들은 흥미를 잃을 것이다. 그들은 이것을 '경제 게임'이라는 관점에서 보기 때문이다. 이미 그러한 징조가 나타나고 있는 듯하다. 그러나 이제부터 본격적으로 시작되는 것은 경제 게임이 아니라, '지식과 정보'의 게임이다. 퍼블릭 공간을 주 무대로 하는 웹 2.0의 본질은 경제 게임이라기보다는 지식과 정보의 게임이라는 얘기다.

인터넷 세계에 흘러드는 수십조 원 규모의 광고 수입 중 일부가 만들어 내는 버추얼 경제권은 나날이 성장하고 있다. 그 세계에 뛰어든 사람들의 인생도 미시적이나마 점차 바뀌고 있다. 그러나 거시적으로 봤을 때 더 큰 의미를 갖는 것은 '모든 사람이 무상으로 이용할 수 있는 또 하나의 지구가 태동하고 있다는 사실'이다.

지식과 정보의 게임을 예로 들어 설명해 보자.

"요즘은 우리 자녀들이 '손에 잡히는' 물건을 사 달라고 졸라 대는 경우는 별로 없다. (중략) 그렇다면 일본보다 풍요롭고 물자가 넘쳐 나는 미국 어린이들은 어떤 것에 흥미가 있을까. 그것은 무엇인가를 창조하는 일이 아닐까 싶다. 그것이 비단 유튜브나 블로그만은 아니다. (중략) 그들은 마이스페이스나 야후 등에서도 기존 그룹에 참여하는 것에서 시작해 궁극적으로는 자신의 커뮤니티를 만들어 가는 재미에 중독되어 있다. (중략) 컴퓨터와 소프트웨어, 인터넷 덕분에 그 어느 때보다 압도적으로 많은 '보통 사람들'이 창조의 즐거움을 누릴 수 있게 되었다. (중략) 그간 혼자의 힘만으로는 불가능했던 것들이 이제는 가능해졌음을 실감한다. 그들은 거기에 열광하고 있는 것이다."

실리콘밸리에 거주하는 컨설턴트 가이후 미치(海部美知)가 자신의 블로그에 올린 〈풍요로운 시대의 궁극적인 즐거움은 '창조하는 것', 그것이 바로 웹 2.0이다〉(http://d.hatena.ne.jp/michikaifu/20070419/1176961765)라는 글에서 미국 어린이들의 변화에 대해 언급한 내용이다.

어린이들은 자유롭게 창조할 가능성이 열린 현실에 열광하며, 그에 따라 현실 세계의 물건에 대한 욕구가 줄어들고 있다는 것이다. 이는 경제 게임이라는 관점으로만 보면 잘 보이지 않는, '지식과 정보의 게임'의 본질 중 하나다.

웹 진화는 경제와 산업에 직접적인 영향을 미치는 것 못지않게 우리들 개개인의 일상생활에도 영향을 미친다. 그리고 그 방법은 경제 게임을 통해 산업 구조를 바꾸는 것이 아니라, 지식과 정보의 게임이 갖는 힘으로 우리들 한 사람 한 사람의 가슴에 변화를 만들어 내는 것이다. 그것이 바로 '또 하나의 지구'의 본질이다.

정보 유통을 통해 개인의 자유를 추구한다

구글은 실리콘밸리 역사의 정점에 선 회사라고 할 수 있다. 그들은 실리콘밸리의 근간을 이루는 과격한 사상을 농도 짙게 이어가고 있다.

"기술이야말로 반(反)중앙, 반권위의 입장에 놓인 개인이 사용할 수 있는 강력한 힘이며, 우리는 그 힘을 기폭제로 현상을 타파하고 새로운 길을 개척한다."

이것이 구글의 사고방식이다.

구글은 또한 개인의 자유가 최대한 존중되어야 한다고 본다. 이것은 국가와 체제의 속박을 혐오하는 자유주의적 이념과 캘리포니아적 기술 지상주의(개인의 역량을 강화해 주는 '개인을 위한 기술'과 '구속받지 않는 인터넷의 자유'를 신봉하는 것)가 결합된 사고방식이다. 구글은 지식과 정보의 유통을 통해 '개인의 자유가 철저히 보장되는' 새로운 문명의 첨병 역할을 하려 한다. 개인을 좀 더 자유롭게 만들어 주기 위해 '정보'라는 새롭고도 강력한 무기를 제공하겠다는 것이다.

구글이 거침없이 자신의 존재 이유를 추구할 수 있는 것은 바로 이러한 사상적 배경이 있기 때문이다. 그러나 이를 받아들이는 자세는 사람과 국가에 따라 차이가 난다. 예를 들어, 현재 '구글 어스(Google Earth)'가 제공하는 전 세계 군사 시설 정보에 대해서도 삭제 요구가 끊이지 않으며, 각국 정부와 마찰이 계속되고 있다. 이와 관련한 갈등의 강도는 아마도 날이 갈수록 높아질 것이다.

저작권법을 비롯한 '지식에 대한 기존의 규칙'과, 구글이 생각하는 '사악하지 않은 것(예: 유튜브, 구글 북서치)' 사이에도 커다란 괴리가 발생하고 있다. 세계의 모든 정보를 정리 정돈하고 널리 전파하는 것과 개인의 프라이버시를 보호하는 일은 양립시키기가 쉽지 않다. 구글은 '현대 사회와의 타협점'을 찾아가면서 자신의 존재 의의를 계속 추구할 것이다. 그들은 이미 저작권 문제 등 각종 소송에 대처하기 위해 사내에 200여 명의 변호사를 고용하여 구체적인 법적 대응 체제를 구축하고 있다.

현재 구글 이사회에는 스탠퍼드 대학 총장인 존 헤네시, 생명공학 기업 제넨테크(Genentech)의 CEO 아서 레빈슨, 세계 정상의 반도체 기업 인텔의 CEO 폴 오텔리니, 클라이너 퍼킨스 사의 벤처 캐피털리스트 존 도어(John Doerr클라이너 퍼킨스) 등 실리콘밸리의 주류를 이루는 거물들이 사외 이사로 참여하고 있다. 그들은 구글의 '존재 의의'가 불러일으킬지도 모르는 사회와의 마찰을 감독하고 타협점을 찾도록 조언한다. 존 헤네시 총장의 경우, 1980년대에 자신의 연구 성과를 토대로 MIPS라는 반도체 벤처를 창업해 성공을 거둔 기업가이기도 하다. '실리콘밸리 사상을 체현한 어른들'로 구성된 이 '강력한 이사회'는 결코 사회 통념과 안이한 타협을 시도하지 않는다. 구글의 존재감이 커 감에 따라 이사회의 역할도 더욱 확대될 것이다.

구글의 기본 철학이 " '또 하나의 지구'라는 이념을 기반으로 정보 유통을 통해 개인의 자유를 최대한 추구하는 것"이라는 사실을 우리는 기억해 두어야 할 것이다.

이제 세상에는 '또 하나의 지구'라는 '인생의 인프라'가 등장했다. 앞으로 우리들은 이 인프라 속에서 편리함과 자유를 활용하면서 '새로운 강인함'을 익혀야 한다. 그렇다면 새로운 강인함이란 과연 무엇을 말하는 것일까. 그 의미를 살펴보는 것이 이 책의 중요한 목표 중 하나다.

웹 시대의 리더십

리눅스를 필두로 수많은 오픈소스 프로젝트와 위키피디아 등 웹 2.0 초기의 성공 사례는,

사람들의 선의와 작은 노력이 인터넷상에서 집적될 경우 거대한 가능성을 창조해 낼 수

있다는 사실을 보여 준다. 그러나 성공을 위해서는 전혀 새로운 리더십이 필요하다는 것을

최근 10년의 경험은 말해 준다. 길러지지 않은 사연 상태의 인터넷 퍼블릭 공간은 '선악'

과 '청탁', '가능성과 위험'을 동시에 가진 모순적이고도 혼돈스러운 세계다. 그런 세계의

중심에 불특정 다수를 신뢰하며 자신의 인생을 걸고 좋아하는 대상에 몰두하는 리더가 나

타났을 때, 그 리더가 만들어 내는 커뮤니티는 공공성과 이타성을 띠기 시작하는 것이다.

경제 이론의 대전제를 뒤엎은 오픈소스 현상

오픈소스의 신비함에 대해 다시 한번 생각해 보자. 1998~1999년 무렵 대두한 오픈소스와 리눅스에 대해 사람들은 '비정상적인 현상'이라는 반응을 보였다. 그러나 IT 산업에서 오픈소스가 차지하는 존재감은 점차 커져 갔고, 결국 눈부신 성공을 거두었다. 그리고 이것은 '비정상적인 것'과 '정상적인 것'을 구분하는 사람들의 감각을 마비시켜 버리는 결과를 낳았다.

오픈소스는 특정 소프트웨어의 소스 코드를 인터넷에 무상으로 공개해 전 세계 불특정 다수의 개발자들에게 자유롭게 프로그램에 참여할 수 있는 환경을 제공함으로써 소프트웨어를 더욱 발전시키는 방식이다.

OS로 대표되는 최첨단 대규모 소프트웨어는 현대의 가장 복잡한 구축물 중 하나이다. 그런 OS가 시장 메커니즘이나 기업에 의존하지 않고도 개량되어 완벽을 향해 나아가는 것이 바로 오픈소스의 신비함이다.

"인간은 고용이나 금전적 계약에 근거한 강제력에 의해서만 일하는 존재"라는 것이 일반적인 경제 이론의 대전제다. 하지만 그런 상식이 오픈소스 세계에서는 통하지 않는다. 기업이 유상으로 개발해 판매하는 소프트웨어의 수준을 능가하는 작품들이 오늘날 무상으로 제작되어 공개되고 있다.

근본적인 질문을 한번 던져 보자. 인간이란 왜 일을 하는 것일까. 오픈소스 현상에 대해 생각하다 보면 결국 이 질문에 부딪히게 된다.

지금까지의 상식은, 인간은 고용 관계나 금전적 계약에 근거

한 강제력에 의해 일하는 존재라는 것이었다. 그리고 상식적이며 정상적인 사람들은 오픈소스에 냉소적이었다. "개발자가 개인적으로 흥미를 갖는 극히 일부의 소프트웨어만 개발될 것이다", "고객의 요구를 반영하는 개발 따위는 무리이다", "신뢰성과 안정성은 보장되지 않을 것이다" 등등의 의견이 대세였다. 그러나 이러한 비판적인 예측은 거의 모두 빗나갔고, 오픈소스 커뮤니티는 이들의 냉소를 비웃으며 성장을 계속하고 있다.

이제 오픈소스 개발자가 전 세계적으로 약 300만 명에 달한 만큼, 그 참가 동기는 보편성을 갖기 시작했다고 봐도 좋을 것이다. 사회 인프라를 구성할 온갖 종류의 소프트웨어를 개발하는 '버추얼 연구 개발 커뮤니티'가 인터넷에서 생겨나 무보수 참가자들에 의해 자율적으로 운영되고 있다. 이것은 10년 전에는 존재하지도 않았던 것이다.

오픈소스 개발자의 약 절반은 유럽에, 4분의 1은 미국에 있다. 30세 이하가 반 이상이며, 개발도상국의 경우 대학 및 연구소 관계자가 참여하는 경우가 많다. 거대한 인구 규모에 산업도 눈부시게 발전하고 있는 인도와 중국의 참여자가 적다는 사실에서 알 수 있듯이, 오픈소스 커뮤니티는 풍요로운 선진국의 젊은 지식층을 중심으로 구성되어 있다. 이들은 인터넷을 통해 국경을 넘어 교류한다. '지적 관심 분야가 같다'는 단 한 가지 이유로 국적, 성별, 연령을 초월해 함께 일한다. '자석' 역할을 하는 소스 코드에 빨려 들어온 사람들이, 열린 공동 작업을 통해 프로젝트를 추진한다. 공연을 하는 극장과도 비슷한 공간에서 이노베이션이 연쇄적으로 일어난다. 모든 정보가 공유되고 공개되며, 프로젝트에 대한 개인의 공헌도는 구축물의 성과로 평가된다.

완성도가 높아지면 타인의 주목과 찬사를 받는다. 이러한 오픈 프로세스 전체에서 얻어지는 만족감이야말로 보수 없이 일하게 만드는 원동력이다.

그간 사람들은 대학이나 기업 등 '현실 세계의 조직'을 연구 개발 장소로 선택해 왔다. 그러나 선진국의 일류 대학 연구실이나 일류 기업 연구소에 소속되려면 상류층으로 향하는 계단을 하나하나 단계적으로 밟아 올라가야 한다. "지금 당장 뭔가를 해낼 수 있다"는 자신감과 실력을 갖추었더라도 이를 증명하기 어려운 경우가 많았고, 주류 사회의 의미 있는 개발 프로젝트에 능력을 기준으로 참여할 수 있는 방법이 없었다.

현실 세계의 주류에 속해 있지 않더라도 의미 있는 프로젝트에 즉시 참가할 수 있고 고도의 지적 공동 작업이 가능한 인터넷 상의 공간. 아니 그 이상의 충족감을 얻을 수 있는 공간. 그것이 바로 오픈소스 커뮤니티다.

오픈소스 프로젝트에 참여한다고 돈이 나오는 것은 아니다. 하지만 '정신적인 충족감을 얻을 수 있다면 돈을 받지 못하더라도 일하겠다'는 젊은 지식인들이 늘고 있다. 그리고 이제 그런 행위의 총체가 현실 세계의 산업계를 위협할 정도로까지 방대해졌다. 이것이 오픈소스의 신비한 본질이다.

웹 진화가 일으킨 '작은 기적'

20대와 30대 초반의 젊은 프로그래머들과 이야기하다 보면 그들이 인생의 목표로 삼는 인물상이 20년 전과 크게 달라졌음을 알게 된다. 과거에는 IT 분야에서 최고의 권위를 자랑하는 '튜

링상(Turing Award)' 수상자를 위시해 세계적인 IT 연구자 커뮤니티(대학, 국립 연구소, 대기업 연구소를 중심으로 하는)에서 학문적 업적을 인정받은 사람들, 또는 IBM, DEC, 후지쓰 등의 대기업에서 '명기'라 불리는 컴퓨터의 설계·개발을 맡았던 사람들이 그들의 모델이었다. 하지만 지금은 오픈소스 프로젝트의 리더나 커뮤니티에서 실력을 인정받는 해커가 젊은 엔지니어들 사이에 동경의 대상으로 부상하고 있다.

세계의 오픈소스 커뮤니티에서 가장 존경받는 일본인은 아마도 마쓰모토 유키히로(松本行弘. 1965생)일 것이다. 그는 엄밀히 말해 주류에 속하는 엘리트는 아니다. 쓰쿠바(筑波) 대학에서 소프트웨어를 전공하긴 했지만, 대기업이나 IT 연구자 커뮤니티에 소속되어 있지 않았다. 대신 중소 규모 소프트웨어 회사에서 일하면서 20대 후반에 자신이 좋아하는 프로그래밍 언어를 설계하기 시작했다. 그리고 마침내 1993년, '루비(Ruby)'라는 프로그래밍 언어를 창시해 무상으로 공개했다. 리누스 토발즈가 리눅스를 개발해 낸 지 2년 뒤의 일이다. 1997년부터는 시마네(島根)현 마쓰에(松江) 시의 네트워크 응용 통신 연구소에 근무하면서 오픈소스 프로젝트로까지 발전한 루비 프로젝트의 리더로서 개발을 계속하고 있다. 이제 루비는 전 세계적으로 수십만 명이 사용하는 언어가 되었고, 루비를 사용한 수천 건의 개발 프로젝트가 현재 가동 중이다. 동시에 루비는 전 세계적으로 그리 많지 않은 'Made in Japan' 소프트웨어 중 하나가 됐다. 마쓰모토는 정부 차원의 프로젝트나, 대기업이 조직을 총동원하고 막대한 자금을 투자한 프로젝트가 달성하지 못했던 '일본이 개발한 세계적인 소프트웨어'라는 쾌거를 달성한 것이다. 이는 마쓰모토 개인의 리더십과, 루비의 매력에 빠진 전 세계 해커들의 공동 작업으로 달성된 업적이다.

오픈소스 세계에 밝은 요시오카 히로타카(吉岡弘隆. 미라클 리눅스 이사)는 마쓰모토의 업적과 오픈소스의 본질에 대해 〈루비가 뭐지〉(http://blog.miraclelinux.com/yume/2007/04/ruby_86e4.html)라는 제목의 블로그 글에서 다음과 같이 말했다.

야구를 좋아하는 소년이 메이저 리그 경기를 보면서 '나도 언젠가는 메이저 리그 선수가 될 거야'라고 꿈꾸듯, 루비라는 프로그래밍 언어를 만든 마쓰모토 유키히로는 전 세계 '언어 오타쿠'들의 아이돌이다. (중략) 이 운동은 세계로 파급되어 2001년부터는 미국에서도 루비 콘퍼런스가 개최되고 있다. 마쓰모토는 마쓰에 시가 배출한 세계의 아이돌이 되었다. 시마네 현 의회는 그를 '지역 자원'으로 인식하고 있는 듯하다. 인간 국보와 유사한 것이라고나 할까.

더 흥미로운 것은 마쓰모토 유키히로는 루비를 무상으로 공개했다는 점이다. 그가 마음만 먹었다면 루비를 통해 거금을 거머쥘 수도 있었을 것이다. 그럼에도 그는 그것을 무상으로 공개했다. 세계적으로 마쓰모토 유키히로처럼 자신이 만든 프로그램을 공개하는 사람들이 적지 않다. 아니 매우 많다. 그들의 소프트웨어를 흔히 오픈소스 소프트웨어라고 한다. 세계에는 무상의 사랑이 넘쳐흐르는 것이다.

마쓰모토는 '오픈소스 개발로 생계를 꾸려 나가는' 삶의 방식에 대해, 자신의 블로그 글 〈오픈소스와 엔지니어의 결의〉(http://www.rubyist.net/~matz/20031227.html)에서 다음과 같이

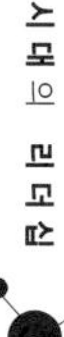

선언했다.

100년쯤 전에 "야구로 생계를 꾸려 가겠다"고 말했다면 사람들의 조롱을 받았을 것이다. 하지만 많은 사람이 오랜 시간에 걸쳐 구축한 프로 야구 시스템 덕분에 이제 연봉이 수십억 원에 달하는 선수가 등장했다.

지금 "오픈소스로 밥벌이를 하겠다"고 말하면 '불가능한 꿈'이라는 말을 들을지도 모른다. 그러나 그리 머지않은 미래에 그것은 '쉽지는 않지만 실현 가능한 꿈'이 될 것이라고 굳게 믿는다. 아니, 이미 그런 꿈이 실현되었는지도 모른다. 프로 야구 선수가 되는 것보다 백 배는 더 간단한 일이라고 생각한다.

젊은이들이 동경하는 오픈소스 세계의 리더들 중에는 마쓰모토처럼 무상 프로젝트에 전념하면서 생계를 꾸려 나가는 사람들이 나타나고 있다(그 의미는 제7장에서 자세히 살펴볼 예정이다).

웹의 진화는 '시간'과 '거리'와 '무한'에 대한 우리들의 감각을 흔들어 대고 있다. 그에 따라 기존의 상식으로는 불가능하다고 여겼던 '작은 기적'들이 일어나고 있다. 마쓰모토 유키히로는 리누스 토발즈와 마찬가지로 그런 기적의 핵심에 있는 인물이다. 웹의 진화와 함께 혜성처럼 나타난 이들 스타는 하나같이 '좋아하는 일', '하고 싶은 일'을 줄기차게 계속해 온 사람들이다. '또 하나의 지구'를 구축하는 주역은 오로지 그런 유형의 사람들뿐이다. 스타들의 이러한 공통점은 단순한 우연일까, 아니면 거기에는 어떤 깊은 뜻이 있는 것일까.

필자에게 오픈소스 세계의 속사정을 가장 잘 전해 주는 사람은 실리콘밸리에 거주하는 해커, 이시구로 구니히로(石黑邦宏. 1967년생)이다. 그 역시 마쓰모토처럼 일본의 상류층도, 주류 세계의 엘리트도 아니다.

오비히로(帶廣) 태생인 이시구로는 홋카이도(北海道) 대학에 진학한 뒤에도 강의실에는 일절 가지 않고 방에 틀어박혀 문학과 철학 서적 읽기에 열중했다. 그러다 보니 유급을 하게 되었고, 결국 인기가 적은 농학을 전공으로 선택했다. 그는 삿포로(札幌)의 한 소프트웨어 회사에 아르바이트 자리를 얻기 위해 컴퓨터 과학 교과서를 읽다가 자신의 내면에 감춰진 프로그래머로서의 재능을 알아차리게 된다.

미국 MIT의 천재 프로그래머 리처드 스톨만이 개발한 'Emacs'라는 텍스트 편집기가 소프트웨어 세계의 최고봉임을 알게 된 이시구로는 수십만 줄로 구성된 Emacs 소스 코드를 입수해, 3개월간 철저히 분석했다.

그는 초롱초롱한 눈으로 나를 바라보며 이렇게 말했다.

"리처드 스톨만이 쓴 프로그램에는 스타일이 있었습니다. 초가집처럼 허름한 집이 아니라, 제대로 된 멋진 건축물이었습니다. '이건 작품이다. 문학에서처럼 컴퓨터 분야의 예술품이다'라는 생각이 강하게 들었습니다. 그리고 '나도 이 일을 하고 싶다. 이 분야라면 자신 있다.'라고 마음속으로 외쳤습니다."(『포사이트』, 2002년 12월호)

자신에게 프로그래밍 재능이 있음을 알아차린 이시구로는

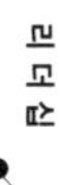

“내 작품이다”라고 자신 있게 말할 수 있는 프로그램을 개발하기로 결심한다. 1995년, 그가 28세 때의 일이다.

“어차피 만들 거라면 인터넷 인프라의 심장에 해당하는 프로그램을 만들자. 시스코 시스템의 ‘루터’ 같은 기능의 소프트를, 그것도 좀 더 아름다운 작품으로 완성해 내고야 말겠다.”

바쁜 아르바이트 생활 속에서 그는 시간을 쪼개어 프로그램을 제작했고, 휴일에는 아침부터 밤까지 혼자서 개발에 몰두했다. 완성에는 3년이 걸렸다. 이시구로는 완성된 ‘ZebOS’란 소프트웨어의 소스 코드(5만 줄)를 오픈소스로서 인터넷에 무상으로 공개했다. 리처드 스톨만에게 “이시구로가 여기 있다”고 인사를 한 셈이었다.

리처드 스톨만은 이시구로의 프로그램을 높이 평가했다. 그 후 구미 기업과 투자가들 역시 이시구로의 재능을 인정했고, 이 때부터 그의 인생은 세계를 향해 펼쳐진다. 이시구로는 실리콘밸리로 건너가 1999년 ‘IP Infusion’이란 벤처를 공동 창업하고 최고 기술 책임자(CTO)가 되었다. 7년 뒤인 2006년 3월, 일본의 소프트웨어 벤처 ‘ACCESS’가 IP Infusion을 매수함으로써 이시구로는 막대한 창업 이익을 얻었다.

거금이 들어왔음에도 해커 이시구로의 일상은 변한 것이 없다. 기업을 매각한 뒤 그는 이렇게 말했다.

“계산해 보니, 10년 동안 매년 10만 줄 이상의 프로그램을 만들어 왔어요. 앞으로 몇 년이나 더 계속할 수 있을까요.”

이시구로는 지금도 미국과 일본을 빈번히 오간다. 그의 일상은 ‘좋아하는 일에 몰두하는 삶’ 그 자체라고 할 수 있다.

“미국에서 비행기에 오르면 곧바로 프로그램을 만들기 시작

합니다. 정신을 차려 보면 어느덧 나리타(成田) 공항에 도착해 있지요. 도쿄의 회사 부근 호텔에 체크인한 뒤 다시 프로그램 제작에 매달립니다. 시차를 느낀 적이 없어요. 일본에서 사람들과 술 마시는 일도 거의 없습니다. 회사에 가서 회의에 참석하거나 프로그램을 만들다가 오후 5시면 호텔로 퇴근해 다시 프로그램을 만듭니다. 그렇게 5일 정도 일본에 머물다가 실리콘밸리로 돌아가 또다시 프로그램을 만들지요.”

이시구로는 해커로서의 자신감이 넘쳐 난다. 소프트웨어의 메카 실리콘밸리에 처음 진출했을 때도 마음속으로 ‘컴퓨터의 천재들아, 내가 한 수 가르쳐 주마’라며 자신만만했었다고 한다.

인터넷 공간인 ‘또 하나의 지구’에서는 온갖 소프트웨어의 소스 코드가 공개되기 때문에 실력 차이가 바로 드러난다. 나는 그에게 “도저히 넘어설 수 없다는 느낌이 드는 프로그래머를 만난 일이 있느냐”고 물은 적이 있다. 그는 누구라고 이름을 밝히지는 않았지만 “딱 한 명 있었다. 어떤 오픈소스 프로젝트의 리더였다. 오로지 그만이 그런 느낌을 주었다.”고 말했다.

“그 사람의 코드를 보면 식사할 때와 잠잘 때를 빼고는 시간을 모조리 프로그램 제작과 연구에 바치고 있다는 사실을 알 수 있어요. 그것도 10년 이상 꾸준히 그런 생활을 하고 있습니다. 엄청난 녀석이지요. (도저히 극복할 수 없다고 생각한 사람은) 그 녀석 한 명뿐입니다.”

오픈소스 프로젝트는 실패로 끝나는 경우가 훨씬 많다. 성공과 실패를 좌우하는 요인은 무엇이냐고 이시구로에게 물었다.

“성공 여부는 프로젝트 참여자 중에 인생 전부를 바치는 녀석이 있느냐 없느냐에 달려 있습니다.”

마쓰모토 유키히로와 리누스 토발즈. 그 둘은 모두 자신들이 죽도록 좋아하는 일이기 때문에 몰두했고, 자신들이 참여한 프로젝트에 인생 전부를 바치는 행복한 삶을 살고 있다. 웹 진화는 그들처럼 전혀 새로운 유형의 리더들을 세계 곳곳에서 발굴해 내고, 그 주위에 신비한 커뮤니티 공간을 만들어 내고 있다.

좋아하는 일에 인생 전부를 바친다

오픈소스 프로젝트는 리더가 인터넷이라는 '토양'에 작품의 원형인 소스의 '씨앗'을 뿌리는 것에서 시작된다. 그 씨앗에 흥미를 갖는 불특정 다수의 개발자가 인터넷에 모여들면서 작은 커뮤니티들이 자연스럽게 형성된다. 리더는 매일매일 작품에 손을 대며 개선해 나간다. 그 과정을 지켜보던 불특정 다수 개발자들은 자신이 가장 큰 흥미를 느낀 작품을 개발하는 데 동참한다. 개발에 대한 리더의 열정이 식거나, 리더 주위에 모인 개발자들이 흥미를 잃어 개발이 진행되지 않으면 프로젝트는 자연히 소멸된다.

이시구로가 말했듯이, 성공하는 프로젝트의 경우 리더가 인생 전부를 걸 정도로 몰두하며, 그런 열정이 커뮤니티의 핵심 에너지로 작용한다. 커뮤니티는 철저히 실력주의로 운영되며, 프로젝트에 대한 공헌도에 따라 자연스럽게 서열과 질서가 자리 잡는다. 프로그래머로서의 실력이 뛰어나고 프로젝트가 요구하는 코드를 많이 만들어 내는 사람들이 찬사를 받으며 리더의 오른팔로 부상해 리더를 보좌하는 역할을 맡게 된다. 기업의 소프트웨어 개발과 달리 비즈니스적 관점을 강조하는 매니저는 존재하지 않으며, 톱 해커들의 의사 결정에 따라 프로젝트가 움직인다. 오픈소스 프로젝트는 규모가 확대되더라도 오픈성을 계속 유지하기 때문에 참가 기회는 누구에게나 열려 있다. '인생을 바치는' 리더와, 리더를 보좌하는 오른팔들이 그 중심에 위치한다. 그들 주위에는 세계 정상급 전문가는 물론, 아직 그럴듯한 코드를 만들지 못하는 학생들까지 참여해 각자의 실력에 따라 기여를 하게 된다. 이렇게 자발적인 참여를 통해 커뮤니티가 구성되고 운영되는 것이다.

웹 2.0은 오픈소스의 성공에 큰 영향을 받고 있다. 웹 2.0의 가장 눈부신 성과 중 하나는 '위키피디아(Wikipedia)'라고 할 수 있다. 이것은 '인터넷상에서 누구라도 자유롭게 편집에 참여할 수 있는 백과사전'이다. '대중의 지혜'를 집적하는 위키피디아가 오픈소스와 같은 비영리 프로젝트라는 사실은 웹 2.0의 본질이 무엇인지를 말해 주는 것으로 그 의미가 매우 크다고 하겠다.

위키피디아를 창시한 지미 웨일스는 늘 "우리는 기본적으로 인간을 믿어야 한다. '인간은 옳은 일을 하는 존재'라는 신뢰를 갖지 못할 경우, 위키피디아와 같은 공동 모델은 성립되지 않는다."고 강조한다.

리눅스를 필두로 수많은 오픈소스 프로젝트와 위키피디아 등 웹 2.0 초기의 성공 사례는, 사람들의 선의와 작은 노력이 인터넷상에서 집적될 경우 거대한 가능성을 창조해 낼 수 있다는 사실을 보여 준다. 그러나 성공을 위해서는 전혀 새로운 리더십이 필요하다는 것을 최근 10년의 경험은 말해 준다.

걸러지지 않은 자연 상태의 인터넷 퍼블릭 공간은 '선악'과 '청탁', '가능성과 위험'을 동시에 가진 모순적이고도 혼돈스러운 세계다. 그런 세계의 중심에 불특정 다수를 신뢰하며 자신의 인생을 걸고 좋아하는 대상에 몰두하는 리더가 나타났을 때, 그 리더가 만들어 내는 커뮤니티는 공공성과 이타성을 띠기 시작하는 것이다.

위키피디아의 리더십과 '불특정 다수에 대한 신뢰'

위키피디아 프로젝트의 리더십 구조는 오픈소스 세계의 구조와 비슷하다. 우선 창시자 지미 웨일스의 '몰두와 리더십'이 있다. 물론 오픈소스 프로젝트와 달리 리더가 백과사전의 수많은 항목을 직접 집필하는 것은 아니다. 웨일스는 한 인터뷰에서 "대부분의 시간을 분쟁을 조정하는 데 보낸다", "특정 사용자의 행동이 중재를 통해 해결되지 못하고 좀 더 강경한 수단이 필요해졌을 때 이를 보고하는 페이지가 있다. 보고가 뜨면 위원회의 멤버 15명에게 메일을 보내고, 메일을 통한 논의로 결정을 하게 된다."고 말했다(http://web-tan.forum.impressrd.jp/e/2007/01/18/605).

여기서 알 수 있듯이 위키피디아 리더의 중요한 역할 중 하나는 편집 과정에서 흔히 발생하는 참가자 간의 다툼과 이견을 조정하는 것이다.

'15인 위원회'는 위키피디아 프로젝트가 진화하는 과정에서 자연스럽게 구성되었다. 참가자 중에는 백과사전 편집과 조정 과정에서 자신이 직접 중재 역할을 맡지 않으면 직성이 풀리지 않는, '몰두의 정도'가 강한 사람들이 있다. 이렇게 적극적이고 공헌도가 높은 사람들이 자연스럽게 위원회 멤버가 되었고, 그들은 웨일스의 오른팔로서 위키피디아를 지탱하고 있다. 그 주위에 전 세계에서 '불특정 다수 무한대'의 백과사전 집필자가 모여든다. 리더와 일반 참가자들의 사이에 몰두의 정도가 강한 '오른팔'들이 위치하는, 오픈소스와 유사한 리더십 구조다. 위키피디아는 이런 구조와 과정을 통해 나날이 진화하고 있다.

위키피디아처럼 이용자가 많은 사이트라면 거액의 광고 수입도 기대할 수 있다. 하지만 웨일스는 위키피디아에 광고를 게재하지 않고 비영리 프로젝트로 유지하고 있다. 향후 계획에 대해 그는 이렇게 말한다.

"커뮤니티에서도 광고가 곧잘 토론의 주제가 되곤 합니다. 토론은 언제나 뜨겁게 달아오르죠. 그러나 광고를 게재하지 않는 데는 나름의 이유가 있습니다. 우선 일반 사용자에 대한 신뢰를 저버리지 않기 위해서입니다. (중략) 위키피디아는 자선 사업이라는 차원에서 운영되고 있습니다. 지구 상의 모든 사람에게 백과사전을 배포한다는, 매우 높은 이상을 가진 것이죠. 위키피디아가 성장할수록, 우리들이 암묵적으로 거부하고 있는 자금(=광고 수입)이 더 나은 세상을 위해 사용될 수도 있다는 주장이 나올 것입니다. 그렇기 때문에, 그저 '광고가 싫어서 싣지 않는다'는 단순한 논리를 뛰어넘어, 광고 게재에 대해 좀 더 심사숙고할 필요가 있다고 봅니다."

위키피디아가 성장함에 따라 운영 비용 역시 팽창했다. 요즘 웨일스는 자금 조달이라는 현실과 불특정 다수의 신뢰 사이에서 고민하고 있다. 위의 발언에서도 웨일스의 고민이 역력히 드러난다.

오픈소스나 웹 2.0은 둘 다 리더가 불특정 다수에 대한 신뢰를

끝까지 유지할 수 있느냐가 관건이라고 할 수 있다. 만약 끝까지 신뢰를 저버리지 않을 경우, 리더의 의지는 불특정 다수에게 그대로 전달되게 마련이다.

'리더와 그 오른팔들까지 비영리 프로젝트와 관련된 일만으로도(만약 그 프로젝트가 의미 있는 것이라면) 생계를 유지한다'(제7장), 이것이 웹 진화의 그리 머지않은 미래의 모습을 그리게 하는 하나의 키워드이다.

'경제 게임'이라는 측면에서 바라본 웹 2.0

웹 2.0을 '지식과 정보의 게임'이 아니라 '경제 게임'이라는 관점에서 바라본다면 어떻게 될까. 우선 돈벌이에 몰두하는 영리 기업이 그 핵심에 있다면 '과연 불특정 다수와의 신뢰 관계가 장기간 유지될 수 있을 것인가'라는 의문이 생기게 된다. 이것은 웹이 진화하는 과정에서 발생할 과도기적 문제 가운데 하나이며, 상당히 오랜 기간 시행착오를 거듭할 것으로 예상된다. 또한 이것은 위키피디아처럼 대중의 지혜를 집결하는 '시스템'과, 보수 없이 참여해 예지를 공급하는 '개인(예 : 백과사전 집필자)' 사이에 어떤 관계를 구축하느냐와 관련된 문제이기도 하다. 달리 표현하자면 과연 시스템 측이 막대한 경제적 이익을 독차지하는 동시에, 참가자와의 신뢰 관계도 유지할 수 있느냐가 문제인 것이다.

물론 시스템 측이 개인에게 무상으로 '자기표현을 가능하게 해 주는 도구'를 제공하는 것은 사실이다. 그러나 개인이 매우 적극적으로 예지를 표현한 결과 시스템이 큰 혜택을 봤음에도 그 결실이 고스란히 시스템 측에만 돌아간다면, 개인의 참여 동기는 낮아지고 그 결과 시스템의 매력도 떨어질 것이다. 지미 웨일스가 고민하는 문제의 본질도 바로 그것이다.

구글은 매우 현명한 방식으로 이 난제로부터 거리를 유지하고 있다. 우선 구글은 커뮤니티를 직접 주재하려 하지 않는다. 또한 이용자와 깊이 관계 맺기를 기피하는 경향이 있다. 구글은 퍼블릭 공간 전체에 어망을 던지는 방식으로 정보를 끌어 모으고, 모인 정보를 '편리한 검색 엔진'이라는 형태로 제공할 뿐이다. 웹 공간에 특수한 커뮤니티를 만들고 거기서 집적된 예지를 활용해 이익을 추구하는 방식은 취하지 않는다. 구글은 모든 사람이 편리하게 지식과 정보의 게임에 참여할 수 있도록 웹 2.0 시대의 기술 인프라를 제공하는 기업이다. 그렇기 때문에 더더욱 경제 게임이라는 관점에서 접근해도 강점을 갖는 것이다.

'웹 2.0'은 2005년 무렵부터 사용되기 시작한 용어이다. 하지만 샌프란시스코의 한 남자는 이미 10년 전부터 '웹 2.0적인 것'을 해 왔다. 주위 사람들은 그 남자가 2.0적 행위를 하고 있다는 사실을 눈치 채지 못했다. 그 남자는 '크레이그스리스트(Craigslist)'라는 사이트를 운영하는 크레이그 뉴마크(Craig Newmark)이다.

크레이그가 1995년 자신의 이름을 따서 만든 이 사이트는 샌프란시스코의 지역 정보(부동산, 구인, 만남, 구입, 판매 등)를 교환하는 간단한 사이트로 시작되었다. 그랬던 것이 지금은 미국 국내외 300개 도시를 끌어안는 사이트로 발전했고, 매달 1,700만 명이 이용한다. 이제 크레이그스리스트는 40억 이상의 페이지뷰를 자랑하는, 인터넷에서 가장 가치 있는 서비스 중 하나로 성장했다.

이용자 수를 기준으로 산정한 크레이그스리스트의 최대 매출 규모는 1조 원 정도인데, 실제 매출은 그 10분의 1 이하로 추정된다. 위키피디아와 같은 비영리 사이트는 아니지만, 일부 대도시의 구인·부동산 정보에 대해서만 광고료를 받고, 그 외의 모든 광고·정보·투고는 기본적으로 무료다. 이것은 창업 이래 지금까지 유지해 온 운영 방식이다.

1990년대의 샌프란시스코는 골드러시를 방불케 하는 인터넷 붐의 중심에 있었다. 크레이그는 그러나 인터넷 붐에 휩쓸리지 않았고, 회사를 단번에 키운다든지 주식을 공개하는 일에도 흥미를 갖지 않았다. 그래서 버블 붕괴 후 발생한 혼돈에서도 자유로울 수 있었다. 그는 지금도 크레이그스리스트가 이용자에게 멋진 커뮤니티로 남길 바라며 묵묵히 이 사이트를 지원하고 있다. 크레이그가 그렇게 할 수 있는 이유는 크레이그스리스트가 자신이 미치도록 해 보고 싶었던 일이기 때문이다. 그의 완고함과 소름 끼칠 정도의 일관됨은 상식을 넘어선다.

이익을 포기하여 신뢰를 얻다

'경제 게임'이라는 관점에서 보면 크레이그는 거대한 기회를 잃은 셈이다. 그러나 크레이그는 인터뷰(『비즈니스 2.0』, 2007년 5월호)에서 "멋진 신뢰 환경을 만들어 냈다"고 자부했다. 이익 추구에 너무 집착하면 커뮤니티의 신뢰를 잃게 된다고 크레이그는 확신한다. 그는 분명 웹 2.0 시대의 선구자인 것이다.

인터넷 붐이 일어난 해에 창업했고, 사업 분야 역시 인터넷이라는 점에서 크레이그스리스트를 아마존이나 e베이의 성공과 비교하려는 유혹에 빠지기 쉽다. 하지만 크레이그를 벤처 기업가가 아니라 스몰 비즈니스의 오너라고 생각한다면 그의 행동이 극히 자연스러웠음을 알게 된다.

나도 10년 전 실리콘밸리에서 '뮤즈 어소시에이츠'라는 스몰 비즈니스를 창업한 바 있기 때문에 크레이그의 결정에 공감한다. 나 역시 외부 투자를 받지 않았고, 기업 공개나 매각도 고려하지 않았다. 회사라는 존재는 자신이 좋아하는 일을 원하는 방식대로 계속하기 위한 틀일 뿐, 그 이상도 이하도 아니다. 성장의 기회와 가능성은 스몰 비즈니스 오너에게는 그리 중요한 요소가 아니다.

크레이그스리스트는 시가 총액 수조 원이 기대되는 공개 기업으로 변신하지도, 매각을 통해 수천억 원을 거머쥐는 거래를 하지도 않았다. 그럼에도 매출액은 수백억 원 규모로 커졌고, 비공개 초고수익 기업이 되었다. 스몰 비즈니스 오너로서는 최상의 성공인 셈이다.

크레이그스리스트의 리더십 구조는 오픈소스 프로젝트 및 위키피디아와 닮아 있다. '인생의 모든 것을 거는' 크레이그 옆에는 '벤처가 아니라 스몰 비즈니스로 나아가야 한다'고 생각하는 사원들이 있다. 그들은 오픈소스나 위키피디아로 치면 '리더의 오른팔'에 해당된다. 크레이그는 사업 기회를 포기하면서까지 커뮤니티와의 신뢰를 지켜 냈고, 이제 '불특정 다수 무한대'의 이용자 겸 정보 제공자들은 그의 곁을 떠나지 않는다.

'경제 게임'이라는 관점에서만 보면 "웹 2.0은 기대만큼 돈벌이가 되지 않는다"는 탄식이 나올 수도 있다. "대중의 지혜 주변에서는 도무지 돈 냄새가 나지 않는다"고 불만을 토로할지도 모른다. 하지만 웹 2.0은 돈과는 분리된 공간이다. 덕분에 악(惡)이 좀처럼 개입하지 않는다. 인센티브가 적기 때문이다. 악보다는 선이 두드러지는 '지식과 정보의 게임'의 공간이 바로 웹 2.0의 공간이다.

인터넷상의 '창조적 커뮤니티'는 현재로서는 기업의 역사에 비유하자면 동인도 회사 수준이다. 이제 막 이론화가 시작되었을 뿐이며, 경험의 축적이 부족한 프런티어 영역이다. 하지만 웹 2.0과 경제 게임의 접점에 크레이그 같은 스몰 비즈니스 오너가 존재한다는 것은 매우 상징적이다. 본질은 바로 거기에 감추어져 있다.

화폐 경제 외부에서 활동할 수 있는 능력

자신이 창립한 비영리 프로젝트(오픈소스 및 위키피디아 등)나 스몰 비즈니스(크레이그스리스트 등)에 인생을 바치는 새로운 리더들. 그리고 그 주위에 포진해서 좋아하는 일에 매진하는 사람들. 이들 주역은 웹 진화가 퍼블릭 공간에 만들어 내는, '언제라도', '어디서라도', '거의 공짜로', '무한한 대상과' 뭔가를 계속 이뤄 낼 수 있는 새로운 환경을 완벽하게 활용하는 사람들이다. 여기서 중요한 것은 능동적이고 창조적인 행위 속에서 지향성(=좋아하는 분야)을 발견해 낸 사람이 웹 진화에 의해 빛을 발했으며, 지향하는 한 분야에 집중함으로써 세상에 자신을 드러냈다는 사실이다.

아무리 어떤 일을 좋아하더라도 그저 수동적으로 인터넷에 접한다든지 단지 뭔가를 계속한다는 사실만으로는 인생에 변화가 찾아오지 않는다. 이시구로, 웨일스, 크레이그의 삶을 들여다보면 알 수 있듯이 주역들은 경탄이 절로 나올 정도로 근면하다. 강요된 근면이 아니라 '내부의 채찍질에 의한 근면'이기 때문에 그 힘이 더 강하다.

20세기는 지식이 폭발적으로 늘어난 시대이며, 동시에 지식이 한없이 세분화된 시대였다. 이러한 경향은 21세기로 접어들면서 한층 가속되고 있다. 그런데 이런 상황에서는 설사 지식에 대한 자신의 지향성을 발견했다 하더라도, 물리적으로 제약된 현실 세계에서 '지향성이 같은 동지'를 찾아내기가 쉽지 않다. 예를 들어 어느 대기업에 소프트웨어 연구자가 1,000여 명이나 있다 해도, 특정 영역의 첨단 연구 내용에 대해 다른 동료들로부터 이해받거나 주목받는 일이 드물다. 그러나 현실 세계의 유한성을 넘어 '불특정 다수 무한대'와 접할 수 있는 인터넷 공간이 출현함으로써, 관심을 함께하는 진정한 동료를 발견할 수 있는 길이 열렸다. 거기서 얻어지는 희열이야말로 오픈소스의 수수께끼를 푸는 열쇠라고 할 수 있다.

지향하는 바가 같고 서로를 깊이 이해하는 '동호인(同好人) 동지'들에게 자신의 업적을 인정받고 칭찬받는다는 것은 인생의 큰 기쁨 중 하나임에 틀림없다. 그런 이유로 인터넷 세상에서는 좋아하는 일에 계속 몰두할 수 있는 것이다.

웹 진화는 겨우 걸음마 단계이다. 아직까지는 IT와 인터넷 세계를 깊이 이해하는 '제작자(=해커)'나 학자들 정도가 그 가능성을 알아차린 상태이다. 그러나 앞으로는 한 사람 한 사람 모두가 각자의 지향성을 발견하고 발전시켜 나가는 시대가 될 것이다.

미래학자 앨빈 토플러는 현대인의 특징 가운데 하나로 '화폐

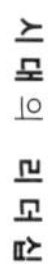

경제의 외부에서 활동하는 능력을 발달시키고 있다'는 점을 꼽았다. 이것은 웹 진화를 '경제 게임'이 아니라 '지식과 정보의 게임'으로 파악해야 한다는 필자의 인식과 그 맥을 같이한다.

앨빈 토플러를 인터뷰했던 언론인 다키구치 노리코(瀧口範子)는 블로그 글 〈자신이 직접 한다는 것의 또 다른 의미〉(http://pc.nikkeibp.co.jp/article/NPC/20070307/264156/)에서 토플러의 생각에 대해 이렇게 적었다.

무수한 사람들이 무수한 일을 직접 하게 됨에 따라, 화폐 경제 외곽에서의 활동이 점점 증가하며 화폐 경제와 경쟁하게 되었다. 가까운 미래에 사람들은 이 두 가지 경제를 조합해 살아가게 될 것이다. 컴퓨터와 인터넷은 그것을 위한 최강의 도구가 될 것이다. 인터넷의 힘을 빌려 사람들이 화폐 경제 외곽으로 속속 옮겨 가게 된다. 그 동기는 다양하며, 그 다양함 자체가 이 변화의 특징이라고 한다. (중략) 토플러는 학생들이 무료 강의의 대가로 자신의 집을 페인트칠해 준 것을 즐거이 회상했다. "비화폐 경제에서 보수는 무엇이냐"고 묻자 토플러는 이렇게 대답했다.

"다양한 형태가 있겠지만, 아마도 내면적인 것이겠지요."

저가 혁명, 수익자 비부담형 인프라, 무상 서비스, 정보 공유……. 웹 진화의 키워드를 열거하다 보면 그야말로 화폐 경제의 외곽에서 활동하는데 필요한 능력이 강화되고 누구에게나 널리 열린 미래상이 나타난다. 돈을 많이 들이지 않아도 능동적이고 창조적으로 자신이 좋아하는 일에 매진할 수 있는 자유가 확산되는 것이다. 물론 거기서 추구하는 것은 내면적인 보수다.

선성(善性)이 지배하는 커뮤니티 공간, '섬 우주'

오픈소스와 위키피디아의 발전을 통해 우리가 알 수 있는 것 중 하나는, 웹 진화가 가속됨에 따라 사람들의 관심 영역 및 전문 영역별로 수많은 '섬 우주(島宇宙)'가 생겨나리라는 사실이다. 그리고 특정 영역에 훌륭한 리더가 등장하면, 그 섬 우주는 쾌적한 커뮤니티 공간이 된다는 점이다.

경제적 이해관계가 아니라 취미와 관심을 같이하는 사람들이 모이고 커뮤니티에 대한 공헌도에 따라 서열이 매겨지는 섬 우주. 멋진 커뮤니티를 유지하기 위해서는 엄격함이 필요하다는 점을 충분히 이해하는 사람들이 참가하는 그 공간을 '사람들의 선성(善性)이 지배하는 사회'라고 한다면 다소 과대평가일지도 모르겠다. 그러나 그곳은 여행객이 길을 물었을 때 불친절한 대답을 하는 사람이 거의 없는, 그리고 호기심에 가득 차 질문하는 어린이에게 잘못된 지식을 알려 주는 사람도 거의 없는 사회다. 인간이 선천적으로 가진 '친절이라는 본성'을 느낄 수 있는 공간이다.

우리들은 앞으로 탄생할 다양한 섬 우주 가운데 자신이 좋아하는 분야를 골라 참가하게 될 것이다.

오픈소스 프로그래머인 고가이 단(小飼彈)과 나는 웹 2.0을 주제로 이메일을 통해 의견을 주고받은 적이 있다(『Web 2.0 틀의 사용법』, 技術評論社). 그때 고가이 씨는 "지금까지 어느 한 조직에 가입한다는 것은 '전인(全人) 참가'가 디폴트(표준)였습니다. 즉, 참가자에게 시간을 전적으로 바칠 것과 백 퍼센트 충성을 요구했었지요. 하지만 인터넷의 등장으로 이제는 '마음만의 참가’가 가능해졌습니다. 앞으로는 마음만 참가하는 것이 일반적인 유형이 되지 않을까 생각합니다.”라고 말했었다.

인간은 다양한 능력과 관심과 지식을 가진 존재이다. 하지만 공업화 시대의 조직은 인간의 능력이나 관심, 지식 중 ‘극히 일부’만 떼어 내, 그 극히 일부를 그 사람의 모든 것으로 간주했다. 이제 인터넷은 그 같은 현상을 타파할 가능성을 제시한다. 그것이 바로 고가이 씨가 말하는 ‘마음만의 참가’이다.

인터넷은 한 인간이 가진 다양한 능력과 관심과 지식을 다양한 무대에서 개화시킬 수 있는 여건을 개척했다. 고가이 씨는 그것이 바로 오픈소스의 본질이라고 말한다.

리더 주변에는 커뮤니티에 대한 공헌도가 높은 오른팔들이 자연 발생적으로 포진하며, 그 결과 질 높은 섬 우주가 형성된다. 그리고 섬 우주는 누구라도 참여할 수 있는 ‘지향성 공동체’가 된다. 우리들은 여러 섬 우주에 ‘마음만의 참가’를 함으로써 인생의 선택지를 넓히게 된다. 이러한 가능성이 앞으로 얼마나 다양하게 열리느냐의 여부는 새로운 리더가 얼마나 많이 등장하느냐에 달려 있다.

웹 진화가 과연 현대인에게 자유로운 선택지를 마련해 주었는지를 판단하는 기준은 무엇일까. 그것은 현실 사회의 제약(태어나면서부터 자동으로 소속되는 커뮤니티에 의한 구속)에서 벗어나 자신이 좋아하는 공동체로 옮겨 갈 자유가 보장되는지의 여부를 보면 된다. 그 자유는 지연, 혈연, 가족, 학교, 회사 등 현실 사회의 커뮤니티에 살면서도 시간 사용법의 우선순위를 바꿈으로써 ‘지향성 공동체’로 옮겨 갈 수 있는 자유다. 나는 이러한 가능성을 강력하고도 긍정적으로 받아들이고 싶다. 세상에 똑같은 사람은 하나도 없다. 각자의 지향성, 즉 좋아하는 분야를 찾아낸 뒤 넓은 세계 속에서 자신에게 적합한 장소를 찾아가 거기서 살 수 있는 자유……. 너무도 멋진 세상이다.

『웹 인간론』에서 작가 히라노 게이치로(平野啓一郎)와 나는 장시간 격론을 벌인 끝에 이런 결론에 도달했다.

우메다 "생각이 같은 사람들 사이에 공진(共振. 한 진동체의 진동에 따라 다른 물체가 함께 진동을 일으키는 현상—옮긴이)이 발생해 취미와 전문 영역의 섬 우주가 형성되어 가고, 그들은 그 섬 우주 공간에서 충족감을 추구하게 됩니다. 우리들은 그런 섬 우주의 존재를 긍정적으로 보고 있습니다. 인간이 그런 식으로 변할 수 있다면 지금보다 훨씬 행복한 삶을 누릴 것입니다. 자신이란 존재를 다시 살펴보게 되겠지요. 비록 존재에 대한 깊은 이해는 얻지 못할지라도, 나름대로 삶과 존재를 규정해 가면서 한 걸음씩 더 살기 편하고 행복한 시간이 계속되는 삶의 방식으로 다가가면 되는 것입니다. 무한한 선택지 가운데에서 마음 편안한 공간을 골라내 자신에게 맞게 가꿔 갈 수 있습니다. 인간은 그런 방향으로 변해 갈 것입니다. 그것이 바로 저의 낙천주의의 핵심입니다."

히라노 "저 역시 그렇게 전망하고 있습니다. 하지만 그런 세상이 실현된다면 인간은 자기 자신만을 생각하게 될 것입니다. 마음 편한 일과 관계 맺는 것만을 추구할 위험이 있습니다."

나도 히라노의 지적에 공감한다. 그러나 이번 장의 몇 가지 선구적 사례에서 보듯 훌륭한 리더가 지향성 공동체를 잘 이끌어 간다면, 섬 우주가 자신만을 생각하는 사람들이나 안일함을 추

더 나은 세상을 만들기 위한 5분

『웹 진화론』에서 나는 '불특정 다수 무한대는 중우(衆愚. 어리석은 다수)인가'라는 테마를 다루면서 '총 표현사회의 3층 구조' 가설을 제시했다. 즉, '엘리트(1만 명) 대 대중(1억 명)'이라는 2층 구조가 아니라, 두 개의 층 사이에 다양하고 질 높은 사람들로 구성된 제3의 층인 '총 표현사회 참가자 층(1,000만 명)'이 있다고 가정해야 한다고 주장했다. 제3의 층은 일정 수준 이상의 지식을 갖춘 계층을 의미한다.

중고등학교 시절을 회상해 보자. 급우 50명 중에서 적어도 5~10명은 '대단한 녀석'이었다. 누구라도 그런 친구 몇 명쯤은 떠올릴 수 있을 것이다. 또, 모임에 가면 행사를 원만하고 능숙하게 주도하는 사람이 있는데 그런 사람 역시 5~10명의 범주에 드는 '대단한 녀석'이다. 아마도 일본의 제3의 층은 국민의 10퍼센트 내외로, 그 폭넓음이 세계 최고일 것이다.

'불특정 다수 무한대가 떼거지로 참여하면 어리석은 대중에게 휘둘릴 위험이 있다'고 믿는 사람들이 있다. 나는 『웹 진화론』에서 그런 사람들에게 "백번 양보해 불특정 다수의 규모가 1억 명이라면 중우일 수도 있겠지만, 1,000만 명이라면 어떨까"라는 질문을 던졌었다. 그 후 언론 비평이나 인터넷상의 댓글을 읽어 보니 내 이야기에 공감하는 독자들이 적지 않았다.

나는 한 여성이 '믹시'에 올린 감상문을 읽고 '총 표현사회의 3층 구조'에 대해 확신을 갖게 되었다. 그는 자신이야말로 '총 표현사회 참가자 층'에 속하는 대표적인 사람이라는 사실을 깨달았다고 했다. 현실 사회의 직업을 기준으로 볼 때는 '대중'으로 분류되며 엘리트가 되고 싶어 안달하는 편은 아니지만, 자신의 존재를 알리고 싶어 하는 사람이 많다. 그들은 나름대로 독서와 집필, 문화 활동을 하기도 한다. 그러한 활동과 지식을 누군가와 공유하고 싶었지만 지금까지는 이를 실현시켜 줄 공간이 적었다. 그가 '독서'라는 키워드를 통해 만나게 된 믹시의 지인들 중에는 독서의 양과 질이 수준급이고 문장력도 뛰어난 사람들이 많았다. 그는 인터넷 덕분에 17~18세기의 프랑스 '살롱' 수준의 대화가 가능한 커뮤니티를 형성할 수 있었고 이제 그 속에서 충실한 나날을 보내고 있다. 그는 학력을 기준으로 보면 엘리트 계층에 속한다고 할 수 없지만, 그렇다고 대중에 매몰되는 것도 싫었다. 대입 시험공부만 하던 고교 시절에 형식적으로 사귀었던 친구들 중에는 마음 터놓고 고민을 얘기할 만한 사람이 없었다. "엘리트도 아니고, 그렇다고 대중으로 분류되기도 싫은 중간층에게 새로운 가능성이 나타났으며 그것이 바로 인터넷의 은혜"라고 그는 결론지었다.

그의 글은 나의 문제의식과도 일치한다.

이 책의 서장 끝 부분에서 나는 '또 하나의 지구'를 건전하게 진화, 발전시키기 위한 방안을 제시했다. 즉, 좀 더 나은 삶에 대해 의욕을 가질 것과, 특정 분야에 뛰어난 사람들이 강한 '퍼블릭 의식' 아래 적극적으로 관여할 것을 제안했다. 그들이 이상적인 지향성 공동체 구축에 기여하고, 현실 세계와도 연결될 수 있는 구조를 만들어 간다면 세상은 전체적으로 좀 더 좋은 방향으로 나아가지 않을까.

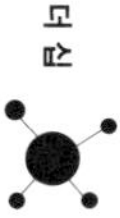

전 세계인이 하루에 5분만이라도 세상을 좋게 만들려는 선의에 투자한다면 지금보다 훨씬 좋은 세상이 구현될 것이다. 5분이란 아무 의식 없이 그냥 흘러가 버릴 수도 있는 시간이다. 그 5분을 더 나은 세상 만들기에 기꺼이 내줄 사람은 적지 않을 것이다. 멋진 지향성 공동체 형성을 위해 리더십을 발휘하는 사람들이 많아지면, '하루 5분의 선의와 작은 노력'을 기꺼이 투자하려는 참가자들을 포용할 수 있는 또 다른 창조적 커뮤니티가 나타나지 않을까.

3장

'거친 산길', 그 새롭고 자유로운 삶

인터넷에서 지식의 고속도로를 달리다가 종점 부근의 정체 구간에 도착했다면, 그 분야 최고의 전문가가 되는 '높고 험난한 길'을 택하거나, 아니면 고속도로를 빠져나와 홀로 걷는 '거친 산길'을 택하는 두 가지의 방법이 있다. 거친 산길이라는 표현은 때로는 '인생 낙오자의 삶'이라는 인상을 주기도 한다. 하지만 그것은 터무니없는 오해다. 높고 험난한 길은 전문성을 추구하는 자유로운 삶의 방식이며, 거친 산길은 종합성을 지향하는 자유로운 삶이라는 점이 다를 뿐이다.

높고 험난한 길에서 성공할 가능성은 수천, 또는 수만 명에 한 명꼴이다. 반면 거친 산길은 의욕이 있는 모든 사람에게 그 가능성이 열려 있다. 조직에 의지하지 않고 거친 산길을 걷는 자유로운 삶에 대해 아직은 적절한 용어가 없을 뿐이다.

고속도로를 질주하는 소녀

장기의 거두 하부 요시하루(羽生善治. 1970년생)가 '학습의 고속도로와 대정체(이하 고속도로론)'라는 아이디어를 제시한 지 2년이 지났다. 그리고 이제는 젊은 기사들이 흔히 블로그를 이용하는 시대가 되었다. 도야마 유스케(遠山雄亮. 1979년생) 4단은 2007년 2월 자신의 블로그 〈도야마 유스케의 퍼니 스페이스〉(http://chama258.seesaa.net/article/34861675.html)에 고속도로론에 대해서 이런 의견을 올렸다.

……그리고 지금, 이 완성된 고속도로를 엄청난 속도로 질주하는 소녀가 있다. 바로 사토미(里見) 초단이다. 그야말로 '고속도로론'의 진정한 주인공일 것이다. 그렇지 않다면 시마네의 시골 마을 소녀가 이다지도 대단한 실력을 갖출 수는 없는 일이다.

사토미 가나(里見香奈. 1992년생) 초단은 2007년 초 14세의 나이로 레이디스 오픈 토너먼트의 결승까지 진출했다. 야우치 리에코(矢內理繪子)라는 여류 명인에게 아깝게 패하긴 했지만 그의 실력과 재능, 가능성은 남성 기사들에게도 높은 평가를 받았다. 장기계가 오랫동안 기다리던 스타의 등장이었다.

하부 요시하루보다 한 세대 젊은 도야마는, 자신들이 수련 시절 이용했던 학습의 고속도로보다 훨씬 세련되고 수준이 높아진 고속도로를 자신보다 한 세대 젊은 사토미가 질주하는 모습을 눈을 부릅뜨고 지켜보고 있다.

세상에 오직 현실 세계만이 존재한다면, 장기에 관한 최신 정

보와 실전 기회는 기사들과 강호가 들끓는 대도시에 집중될 것이다. 지방, 그리고 남성 중심의 장기 세계에서 여성이라는 두 가지 핸디캡을 안고 있는 사토미. 그의 질주하는 듯한 실력 향상은 고속도로론을 증명해 주는 것이다.

인터넷에 형성된 학습의 고속도로에는 현실 세계의 물리적 거리와 핸디캡이 존재하지 않는다. 그곳에서는 '특정 분야를 얼마나 좋아하는지', '그 분야에 얼마나 몰두할 수 있는지' 등 실로 간단한 경쟁 원리만이 모든 이에게 똑같이 적용된다. 의욕만 있다면 끝없이 실력을 향상시킬 수 있는 '자유로운' 환경이 펼쳐진 것이다.

경영 잡지 『프레지던트』 편집부에 근무하는 블로거 'aiai'는 블로그 〈연도(沿道)의 응원〉에 이런 글을 올렸다.

통행료도 필요 없는 공짜 고속도로가 완성됐는데, 왜 다들 걷고만 있는 걸까. 왜 어디로건 가 보려 하지 않는 걸까. (중략) 일본에는 '그래, 달려 보자! 어디까지 갈 수 있는지 한번 가 보자!' 라며 행동에 나서는 사람이 적다. 대신 '고속도로 휴게소에서 물건을 팔면 돈을 얼마나 벌 수 있을까' 혹은 '아직은 고속도로가 제대로 정비되지 않았으니 속도를 내서 달리는 것은 위험해' 아니면 '도대체 그런 고속도로가 왜 필요한 거야' 등등 부정적인 의견이 뿌리 깊다. (중략) 그렇게까지 부정적이진 않더라도, 인터넷을 활용해서 할 수 있는 일이 무궁무진하고 삶의 방식까지 바꿀 수 있다는 사실을 진심으로 믿는 사람들이 과연 얼마나 있을까.

이번 장에서 검토할 테마는 바로 이에 관한 것이다.

　개인의 학력이나 경력, 직함은 물론 인종과 국적도 따지지 않는 자유 경쟁의 장이 인터넷상의 '지식의 세계'에 펼쳐지고 있다. 그 초기 사례 중 하나가 오픈소스이다. 오픈소스는 말 그대로 소스 코드가 모두 공개되는 세계다. 따라서 누구라도 의욕만 있다면 최고의 프로그래머가 작성한 코드를 마음껏 읽고 배우며 자신의 작품을 선보일 수 있다. 그런 환경 속에서 떠오른 것이 리누스 토발즈를 비롯한 새로운 유형의 근면한 리더들이다. 이 리더들은 자신의 지향성과 궁합이 맞는 분야, 자신이 좋아하는 분야에 인생의 모든 것을 거는 존재다.

　모든 사람에게 평등하게 부여된 자원은 '시간'뿐이다. 우리는 시간이라는 자원을 자신의 지향성과 적성에 맞는 영역에 유감없이 쏟아 부으며 빛나는 삶을 만들어 내야 한다. 앞으로 우리에게 절실히 요구되는 것은 시간이라는 자원을 자신에게 가장 적합하게 사용하는 행동 양식일 것이다.

　학계와 문화계에서 초일류로 평가받는 사람들의 공통점은 인생의 이른 시기에 자신의 적성을 발견했다는 점이다. 그들은 자신의 적성 및 지향성과 궁합이 딱 들어맞는 대상에 깊은 애정을 가지고 몰두했다. 시간을 아낌없이 투자하고 충성했다. 그들의 몰두에는 끝이 없다.

　자유 경쟁의 무대가 마련된 인터넷상의 지식 세계는 몰두하고자 하는 분야에 대한 애정의 깊이와 몰두 정도, 근면의 강도가 성패를 좌우한다. 그렇다면 우리들은 지식을 둘러싸고 벌어지는 이 새로운 환경에서 어떻게 살아 나가야 할 것인가.

무한 자유 경쟁의 새로운 환경이 펼쳐진다

지금까지 우리는 자기 자신을 향해 "나는 과연 무엇을 좋아하는 가", "나라는 존재는 무엇을 지향하는가"라는 질문을 던진 적이 별로 없었다. 여태까지는 한눈팔지 않고 눈앞에 제시된 것에 정열을 쏟는 사람이 편하게 살 수 있는 사회였기 때문이다. 개인이 무엇을 좋아하는지는 의미가 없었다. 부여된 과제에 매진할 것을 강요하는, 즉 '대학 입시'가 최고의 목표인 교육 제도에는 이러한 시스템의 특징이 잘 나타나 있다.

1975년생인 작가 히라노 게이치로는 학생 시절을 회고하며 이렇게 말한다.

> 우리 세대는 '개성이 중요하다'라는 말을 수도 없이 들어 왔다. 하지만 실제로는 학생 시절에 개성을 발휘할 기회가 주어지지 않았다. 그래서 모두들 어른이 되면 정말로 하고 싶은 일을 마음껏 하리라 각오했었다. 그러나 기업에 입사하기 위해 면접을 치를 때부터 그런 희망은 짓밟혔다. 우리 세대가 대학을 졸업했을 때 일본은 불경기를 맞았다. 취직은 하늘의 별 따기였고, 면접 때는 인격을 무시하는 질문을 수없이 받아야 했다. 한없이 울적한 기분으로 면접장을 나오곤 했다. 울적함이 만연한 사회였다
>
> —*Voice*, 2007년 6월호, 「따스한 웹 사상」

누구나 개성이 중요하다는 사실은 알고 있다. 하지만 부모들은 자녀들에게 "좋은 대학을 나와 좋은 대기업에 들어가라"라는 주문을 쉴 새 없이 읊조린다. 이 사회에는 아직도 거대 조직

을 정점으로 하는 피라미드 구조가 굳건히 자리 잡고 있다. 낡은 가치관도 여전히 건재하다. 그런 속에서 벌어지는 사회와 개인의 마찰을 히라노는 이와 같이 표현했던 것이다.

더구나 사회 상류층 중에서도 그 중추라 할 대기업 경영자나 관료, 언론사 간부 대부분은 한 번도 소속 조직을 떠나 본 적이 없는 사람들이다. 그래서 조직을 떠난다는 것은 '방황한다', '인생의 정상 궤도에서 벗어난다'는 것을 의미한다. 그런 극단적인 표현이 너무도 당연하게 사용됐기 때문에 사람들은 착각에 빠지고 만 것이다.

실제로도 상류층 사람들 대부분은 '눈앞'의 일에 정열을 쏟는 능력이 뛰어난 사람들이다. 그리고 그들은 그런 능력을 갖추지 못한 사람들을 이해하지 못한다.

"좋아하는 일만 해 가지고 어떻게 끼니를 해결하겠는가. 세상은 그렇게 만만한 곳이 아니다."

이런 어른들의 발언은 바로 사회 상류층의 생각인 것이다.

나는 20년 가까운 세월을 경영 컨설턴트로 일하면서 크고 작은 기업체의 임직원들을 만나 왔고, 그들이 일하는 모습도 지켜봤다. 큰 조직에서 일하는 사람들을 많이 관찰해 온 셈이다. 내 경험을 기준으로 큰 조직에서 성공할 수 있는 유형을 정리해 봤다.

❶ '부서 배치'나 '전근', '이동' 등 자신의 생활과 시간 사용법이 타인에 의해 정해지는 것을 '미지와의 조우'라는 식으로 즐길 수 있다.

❷ 부여된 문제와 과제 해결에 정열을 쏟을 수 있다. 과제가 어려우면 어려울수록 흥미를 갖는다.

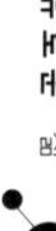

❸사물에 대한 호불호(好不好)나 취향이 그다지 강하지 않으
며, 함께 일하는 동료에 대한 호불호 역시 별로 가리지 않는
다. 설사 있더라도 난관(즉 싫어하는 것)을 극복하길 즐긴다.

❹새로운 룰이 부여되면, "지금부터 새로운 게임이 시작된
다"는 식으로 바로 그 룰의 의미를 습득한다. 새로운 룰이
도입된 후 그 세계에서 승리하기 위해 노력하는 일에 흥미
를 느낀다.

❺혼자서는 불가능한 거대한 작업을 여러 사람과 힘을 합침
으로써 해낼 수 있다. 그런 식의 팀플레이에 만족을 느낀다.

❻거대 조직의 일에 관여하거나 공헌하는 데서 성취감과 충
족감을 느낀다. 또한 '조직에 대한 끝없는 충성심'이 오랜
기간 흔들리지 않을 만큼의 지구력을 갖춘다.

❼조직에 대한 충성심이나 일에 대한 사명감이 개인의 지향
성보다 가치가 높다고 생각한다.

거대 조직은 앞으로도 거대 조직의 강점, 즉 '거대하다'는 사
실 자체가 장점이 되는 사업과 행동을 선택하고 거기에 집중하
는 경향이 강하게 나타날 것이다. 반면 거대 조직은 변화에 신속
히 적응해야 하는 새로운 분야에서는 경쟁력이 떨어지게 된다.
웹 진화 덕분에 개인과 소집단의 생산성이 높아지기 때문이다.

웹 진화가 진행되더라도, 거대 조직에 적응하는 능력이 뛰어
난 사람들은 앞으로도 거대 조직에서 생존할 수 있을 것이다. 그
러나 세상 모든 사람이 거대 조직에 적응할 수 있는 능력을 가진
것은 아니다. 거대 조직과 일본의 교육 시스템에 대한 적응력은
낮지만 사회성이 풍부하고 창조적이며 질 높은 일을 할 수 있는

젊은이들이 많다.

이 사회는 지금까지 젊은이들에게 거대 조직 적응력을 갖추라고 강요해 왔다. 그래서 많은 젊은이들이 교육을 포함한 사회 시스템 속에서 숨 막히는 생활을 해 왔다. '학습의 고속도로'는 다음과 같은 젊은이들에게 새로운 가능성을 열어 줄 것이다.

- 자신에게 지적 재능 및 잠재 능력이 있다고 확신하는 젊은이.
- '좋아하는 분야'만 찾아낸다면 의심 없이 자신의 능력을 발휘할 수 있다고 생각하는 젊은이.
- 모든 분야에서 평균적인 점수를 올리는 것이 아니라, 분야에 따라 실적이 크게 차이 나는 젊은이.

"Only the Paranoid Survive"

'좋아하는 분야가 있다.'
'눈앞에 학습의 고속도로가 펼쳐져 있다.'
'학습의 고속도로를 달리는 것이 너무나 즐겁다.'
'좋아하는 일에는 시간이 아무리 많아도 부족하다.'
'고속도로 종점 부근의 대정체 따위는 실제로 그곳에 가 보면 별것 아닐지도 모른다.'
'정말로 대정체가 있는지 내 눈으로 직접 확인해 봐야 한다.'

위와 같이 생각하는 사람이라면 '인터넷 육상 선수'로서의 자질이 충분하다. 리누스 토발즈나 마쓰모토 유키히로, 이시구로 구니히로, 사토미 가나 같은 사람들은 웹 진화가 문을 연 새로운 시대에 가장 잘 적응한 인물들이다.

　거듭 말하지만 기존의 교육 시스템에서 탈락한 사람들 중에도 인터넷 육상 선수들이 많다.

　'자신이 선택한 고속도로를 완주하고, 대정체 지점을 통과해 최정상 수준까지 전문성을 갈고닦아 그 일을 통해 생계를 꾸려 나간다.'

　이것은 높고 험난한 길이긴 하지만 보람 있는 멋진 인생이기도 하다. 인생의 행복이란 좋아하는 일을 하며 생애를 보내는 것에 있다고 나는 생각한다. 진정한 행복이란 사람들의 평가나 타인과의 비교에서 얻어지는 것이 아니다. 스스로를 믿으며 평생토록 좋아하는 일을 하는 것이 바로 행복이다. 또한 행복은 그런 마음 자세에 깃든다. 인터넷 육상 선수의 자질이 엿보이는 사람은 주저 없이 고속도로를 달려 나가면 된다.

　고속도로를 달리는 젊은 인터넷 육상 선수들에게 내가 실리콘밸리에서 배운 3가지 어휘를 선물하고 싶다.

　　'Only the Paranoid Survive'

　　'Entrepreneurship'

　　'Vantage Point'

　'Only the Paranoid Survive'는 내가 실리콘밸리에서 가장 존경하는 경영인 앤드루 그로브의 말이다. 앤드루 그로브는 인텔을 제로베이스에서 세계 최고의 반도체 기업으로 키워 낸 인물이다. 그로브와 함께 일했던 사람들은 모두들 그의 소름 끼치는 집중력과 에너지가 만들어 내는 긴장감에 대해 이야기한다. 2005년 현역에서 은퇴할 때까지 강력한 광채를 내뿜었던 위대한 경영자다.

그로브의 좌우명이 바로 'Only the Paranoid Survive'이다. Paranoid는 '편집증, 피해망상증'을 의미한다. 병적으로 집착하는 사람만이 살아남으며, 병적인 긴장감 속에서 일하는 사람만이 치열한 경쟁을 이겨 낼 수 있다는 뜻이다. 그런 사람만이 고속도로 종착점 부근의 엄청난 혼잡을 뚫고 지나갈 수 있다는 얘기다.

지금 이 순간에도 전 세계의 경쟁 상대들이 고속도로를 달리고 있다. 잇달아 새로운 지식이 탄생하고 있으며, 고속도로 자체도 끊임없이 건설되고 있다. 이런 치열한 환경 변화 속에서 살아남기 위해서는 정신을 바싹 차리고 긴장감을 늦추지 않으며, 현실적인 감각을 가지고 자신을 살펴봐야 한다. 창조로 연결되는 직감을 끊임없이 연마해야 한다.

좋아하는 강도가 경쟁력의 원천

두 번째가 'Entrepreneurship'. 이 단어는 흔히 '기업가 정신'으로 번역되지만, 이 말에 포함된 '정신'의 존재 방식은 다양한 의미를 갖는다. 여기서는 회사를 창업한다는 의미의 '기업가 정신'으로 사용하지는 않는다. 실리콘밸리는 Entrepreneurship이 넘쳐 나는 장소이다. 그런 역사가 축적되어 있기 때문에 세상에서 통용되는 정의보다 강도 높고 응축된 의미로 사용한다.

실리콘밸리 Entrepreneurship의 진수는 자신의 머리로 끊임없이 생각하고 어떤 역경을 만나더라도 결코 포기하지 않음을 의미한다. 승자란 '승리할 때까지 노력한 사람'이다. 한 분야에서 정상에 오른다는 것은 끝없는 노력과 여정의 결과다. 성공에 도달하는 과정을 '고난의 길'이라고 생각한다면 중도에 좌절할

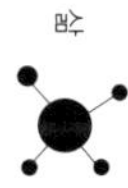

수밖에 없다. 깜깜한 현실 속에서 손을 더듬으며 앞길을 찾아야 하고, 그런 어려움을 극복하는 과정 자체가 즐거워야 한다. '할 수 있기 때문'이 아니라 '좋아하기 때문에' 하는 것이다. 그런 마음가짐이 없으면 오래 지속될 수 없다. 자신이 추구하는 대상을 얼마나 사랑할 수 있는지, 얼마나 좋아하는지 등 '좋아하는 강도'가 경쟁력의 원천이다.

애플의 창업자 스티브 잡스는 "위대한 일을 하는 유일한 방법은 당신이 하는 일을 사랑하는 것이다(The only way to do great work is to love what you do)."라고 했다. 'love'라는 단어에 Entrepreneurship의 진수가 담겨 있다.

전망 좋은 장소로 가라

세 번째 단어는 'Vantage Point'이다. 이것은 실리콘밸리의 투자가 로저 맥나미(Roger McNamee)가 한 말이다. 그는 필자와 '젊은이의 경력'을 주제로 얘기를 나누면서 "젊은이는 밴티지 포인트에 가야 한다"고 말했다. 밴티지 포인트란 '전망 좋은 장소'를 의미한다. 해당 분야의 최첨단에서 어떤 일이 일어나는지 한눈에 볼 수 있는 장소를 말한다. 그곳에 가면 같은 고속도로를 질주해 온 사람들과 만나 상호 발전을 도모할 수도 있다. 로저는 4년 전부터 "소프트웨어 엔지니어라면 구글로 가야 한다. 구글이 오늘날 최고의 밴티지 포인트이기 때문이다. 구글이 안 된다면 애플로 가라."라고 말해 왔다.

인터넷상의 지식의 고속도로를 질주해 프로페셔널 일보 직전의 실력까지 도달하면 그 분야에서 '전망 좋은 장소'를 발견하게 될 것이다. 전망 좋은 장소가 리눅스 프로젝트처럼 인터넷상에 있는 경우도 있지만 아직은 대개 현실 세계에 있다.

앞으로의 시대에는 현실의 지구와 '또 하나의 지구'를 자유롭게 오가면서 창조적으로 살 수 있느냐가 성공의 관건이 될 것이다. 자신이 좋아하는 일을 발견했다면 현실 세계뿐 아니라 인터넷상의 지식의 고속도로를 질주해야 한다. 지식의 고속도로는 결코 무미건조한 '정적(靜的)인 정보'의 집적 장소가 아니다. 오픈소스의 세계가 그 좋은 예다. 인터넷을 통해 자신과 관심 분야가 같은 '살아 있는 인간'에게 적극적으로 접근하면 뭔가가 돌아온다. 바로 그 점이 핵심이다. 앞으로 멋진 '지향성 공동체'가 인터넷상에 다양하게 나타나게 되면 다양한 분야의 고속도로가 충실해질 것이다.

여류 기사 사토미 가나는 인터넷 대국 사이트인 '장기 클럽 24'를 통해 지리적으로 멀리 떨어진 장기의 강호들과 만났고, 수없는 대국을 통해 실력을 쌓았다. 하루가 다르게 실력이 향상되었고, 그 후 현실 세계의 토너먼트에 출전해 좋은 성적을 올리며 정식으로 장기의 세계에 데뷔했다. 두각을 나타낸 뒤에는 현실 세계의 '전망 좋은 장소'인 '장기 연맹'에 머물며 새로운 도약을 시작했다.

오픈소스 세계에서 이름을 날린 해커들이 실력과 실적을 인정받아 구글 등 '전망 좋은 장소'에 자리를 얻는 경우도 점차 늘어나고 있다. 이 역시 밴티지 포인트의 사례 중 하나다. 특정 학문 분야에서 '지식의 고속도로'를 달려 본 뒤, 국내 대학에서 더는 배울 것이 없다고 판단되면 해외 대학원으로 유학해도 좋다. 세계 거의 모든 대학의 정보 역시 인터넷에 상세하게 올라와 있다.

주위에서 흔히 보듯, 현실 세계에서 희망을 찾지 못한 사람들이 고속도로를 질주함으로써 실력을 쌓아 자신감을 갖게 되면 현실 세계에도 다시 새로운 의욕이 생겨난다. 이를 계기로 현실 세계에서 자신에게 딱 맞는 장소를 발견하게 된다면 어제까지와는 전혀 다른, 새로운 현실 세계가 펼쳐질 것이다.

'높고 험한 길'과 '거친 산길'

장기의 거두 하부 요시하루가 제시한 고속도로론에는 난관이 하나 있다. 즉, 훌륭한 고속도로가 완공되기는 했지만 그 종점 부근에 다다르면 극심한 정체 현상이 벌어진다는 것이다. 이 같은 대정체 시대를 어떻게 극복해야 할까. 오랜 고민 끝에 나름대로 얻은 결론은 다음과 같은 것이다.

대정체가 존재한다는 것은 분명한 사실이다. 동시에 자신이 좋아하는 분야의 실력을 연마할 수 있는 고속도로가 펼쳐져 있다는 것 또한 엄연한 사실이다. 따라서 일단은 갈 수 있는 데까지 무조건 달려 본다. 정체 구역에 접어들었다면 두 가지 선택 방안이 있다. 하나는 전문성을 더욱 높여 정체 구간을 돌파하는 길이다(높고 험난한 길). 다른 하나는 정체 구간에서 고속도로를 빠져나와 그간 갈고닦은 전문성을 활용하면서 개인의 종합적인 능력을 활용하는 유연한 삶을 사는 것이다. 두 번째 선택은 안내판도 없고 제대로 포장도 안 된, 동물이나 다니는 산길이란 의미에서 '거친 산길'이라 표현한다. 자신이 좋아하는 분야에 매진하면서 지식의 고속도로를 정체 구간까지 질주해 능력을 키운 경험은 빈둥거리며 살아가는 사람들에 비해 절대적으로 높은 경쟁력을 갖춰 줄 것이다. 그렇게 믿으면 되는 것이다. 거친 산길을 헤쳐 나가는 데 필요한 것은 자신감, 약간의 용기, 대인 능력, 홀로 살아가는 비결 등이다. 지식의 고속도로를 질주할 능력이 있는 사람이라면 작은 노력으로도 갖출 수 있는 것들이다.

필자는 어렸을 때부터 나 자신에게 맞는 것, 내가 좋아하는 것에는 흠뻑 빠져서 철저히 해내곤 했다. 반면 그렇지 않은 것에는 손댈 엄두도 내지 못했다. 그래서 늘 좋아하는 일에만 몰두해 왔다. 수학이나 컴퓨터는 지금만큼은 아니지만 당시에도 고속도로가 꽤 잘 정비되어 있었고, 대학원에 들어갈 무렵까지 그 고속도로를 질주했다.

그러나 어느 시점에 이르러 나와 함께 고속도로를 달리는 사람들을 보면서 '대상(프로그래밍)'에 대한 나의 애정이 부족하다는 것을 절감했다. 다른 사람에 비하면 나의 몰두의 정도가 그저 '적당' 수준이었던 것이다. 관심이 여러 분야로 분산되어 있고 한 분야에 집중하지 못하는 자신을 발견했다. 고속도로를 계속 질주해 봤자 그 어느 곳에도 도달하지 못하리라는 '확신'이 어느 순간 들었다.

그런 생각이 들었던 지점이 대정체 구간이었는지는 잘 모르겠다. 다만, 나는 나름대로 자신의 한계점까지 달려왔다고 생각했기 때문에, 이제부터는 고속도로를 빠져나와 거친 산길을 걸어야겠다고 결심했다. 그렇게 하는 것이 자신의 종합성을 좀 더 잘 활용할 수 있을 것 같았다.

다음 장에서는 나의 경험을 비롯해 거친 산길을 헤쳐 나가는 데 필요한 사고법에 대해 이야기해 보려 한다. 한마디로 거친 산

길을 걷는다는 것은 모든 가능성이 열려 있다는 뜻이다. 그곳은 모든 것이 존재하는 세계다. 좋아하는 것, 하고 싶은 것, 하고 싶지는 않지만 할 수 있는 것들을 조합해서 때로는 조직에 속하고 때로는 사람들과 다양한 만남을 키워 나가면서 끈기 있게 살아가는 세계다.

거친 산길을 헤쳐 나가는 데 가장 중요한 것은 '홀로 살아가는 비법'이다. 예를 들면 다음과 같은 것들이다.

- 인터넷을 철저히 활용한다.
- 자신의 지향성 및 전문성, 인간관계에 의지하며, '자신만이 만들어 낼 수 있는 가치(다양한 요소로 구성되는 복합적 기술)'를 정의하고, 항상 정보를 발신한다(블로그가 자신의 이름표가 될 수 있을 정도로. 자신이 중시하는 키워드들을 조합했을 때 자신의 블로그 순위가 상위에 오를 정도로 발신할 것).
- 자신의 가치를 이해해 주고 그것에 대가를 지불해 주는 사람을 계속 만들어 간다.
- 흔하디흔한 일상적 소모품만은 절대로 되지 않겠다고 결심한다. 그것도 편집중적으로 기피해야 한다.
- 만일 소모품이 되고 있다는 느낌이 들면 반드시 새로운 전문성과 기술을 추가한다(그때에도 고속도로를 적극 이용할 것).
- 적극적으로 인간관계를 구축하고 사람들과의 만남을 소중히 여긴다.
- 조직에 소속되었을 때에도 조직과 일정한 거리감을 유지하고 조직의 논리에 매몰되지 않도록 노력한다.

세상 대부분의 사물은 정규 분포 양상을 보인다. 그 덕분에 방대한 규모의 경제가 꾸준히 돌아가는 것이다. '홀로 살아가는 비법'을 늘 염두에 두고 열심히 노력한다면 자신이 장기를 가진 분야에서는 정규 분포에서 중간보다는 위쪽에 위치하게 된다. 그럴 경우 어지간히 운이 나쁘지 않은 한 조직에서 살아남는 일에도, 일거리를 따 내는 것에도, 전직이나 창업을 하는 데에도 분명 길은 열리게 되어 있다.

경제를 큰 강물이라고 한다면 '홀로 살아가는 비법'은 강물에서 자신에게 필요한 만큼의 물을 퍼내는 기술이다. 그것은 가족을 부양할 수 있을 정도의 자그마한 '생활 근거지'를 사회 속에 만드는 일이다. 무한한 강물에서 자신에게 맞는 유한한 존재를 능숙하게 채집할 수 있어야 한다.

쉽게 상처받는 사람은 거친 산길에서 좌절하기 쉽다. 거절당했다고 금세 상처를 입어서는 안 된다. 인격을 부정당했다고 생각해서도 안 된다. 실리콘밸리의 탄탄한 벤처 기업의 경우에도 투자 유치를 위해 벤처 캐피털을 방문하면 50~100번씩 거절당하는 일이 허다하다. 당연한 일이다. 한 사람이 발신하는 신호를 다른 사람이 백 퍼센트 정확히 수신하는 경우는 거의 없기 때문이다. 그래서 수없이 몸으로 부딪치며 설득해야 한다. 거절당하는 것이 당연하다고 생각해야 한다. 일단 그런 야성을 익히게 되면 홀로 살아가는 깃도 즐기워진다. 고속도로를 빠져나와 거친 산길을 걷는 삶의 방식은 현실 세계의 내로라하는 직장에 다니는 사람이 볼 때는 성에 차지 않을지 모르지만, 일단 익숙해지면 매우 자유로운 삶의 방식을 보장해 준다.

거친 산길, 그 새롭고 자유로운 삶

인터넷에서 지식의 고속도로를 달리다가 종점 부근의 정체 구간에 도착했다면, 그 분야 최고의 전문가가 되는 '높고 험난한 길'을 택하거나, 아니면 고속도로를 빠져나와 홀로 걷는 '거친 산길'을 택하는 두 가지의 방법이 있다. 거친 산길이라는 표현은 때로는 '인생 낙오자의 삶'이라는 인상을 주기도 한다. 하지만 그것은 터무니없는 오해다. 높고 험난한 길은 전문성을 추구하는 자유로운 삶의 방식이며, 거친 산길은 종합성을 지향하는 자유로운 삶이라는 점이 다를 뿐이다.

높고 험난한 길에서 성공할 가능성은 수천, 또는 수만 명에 한 명꼴이다. 반면 거친 산길은 의욕이 있는 모든 사람에게 그 가능성이 열려 있다. 조직에 의지하지 않고 거친 산길을 걷는 자유로운 삶에 대해 아직은 적절한 용어가 없을 뿐이다.

높고 험난한 길을 선택한다는 것이 어떤 것인지는 이해하기 쉽다. 거기에는 그 분야 최정상급의 학식을 갖추고 대학교수가 되든가, 특정 분야의 최고 전문가가 되는 것, 또는 대기업에 근무하거나 창업을 하거나 시험을 치르고 변호사가 되는 것 등이 포함된다. 특정 분야의 정상급 전문인, 즉 누구나가 인정하는 존재가 되는 것이 바로 높고 험난한 길이다. 고속도로와는 관계없이 평범하게 취업하거나 공무원이 되더라도 한 조직에 오랜 기간 근무하며 정상으로 올라가는 방식도 여기에 해당된다.

나는 여기서 들짐승이나 다니는 '거친 산길'이라는, 다소 오해를 불러일으킬 만한 단어를 굳이 사용했다. 새롭고 자유로운 삶을 제창하고 싶었기 때문이다. 근면하며 최선을 다해 삶을 사는 젊은이들은 충분히 능력이 있으며, 그들은 거친 산길을 잘 헤쳐 갈 수 있다. 하지만 그런 젊은이들이 상상력의 부족으로 인해 직업에 대한 고정관념을 벗어나지 못하고 있다. 그런 고정관념을 깨뜨리고 싶었던 것이다.

우수한 데다 사교성도 있는 한 젊은이(20대 후반)에게 "내일 회사를 그만둔다면 무슨 일을 할 것이냐"고 물었다. 그는 아무런 말도 하지 못한 채 입을 다물고만 있었다. 아마도 머릿속이 멍해졌을 것이다. 그는 잠시 뒤 "어떤 회사로 전직해야 할지, 혼자서 할 수 있는 일이 무엇인지 전혀 떠오르지 않는다."라고 말했다.

미국 젊은이들은 능력이 없어도 자신감이 넘치는 반면, 일본 젊은이들은 능력이 있음에도 자신감이 너무 떨어진다. 거친 산길을 20년 가까이 걸어온 나는 젊은이를 만나 이야기를 나눠 보면 그가 거친 산길을 헤쳐 갈 수 있을지 없을지 바로 알 수 있다. 하지만 '저 친구라면 분명 잘해 낼 것'이라는 판단이 드는 젊은이들조차 조직을 떠난 삶의 방식에 자신 없어 하는 경우가 대부분이다.

웹 진화는 개인의 능력을 키워 준다. 개인의 가능성이 전적으로 특정 분야에 대한 전문성을 갖추고 있느냐에 좌우되는 것은 아니다. 개인의 종합적 능력은 전문성과 지향성의 복합체로 판단해야 한다. 그런 복합적 능력을 가졌다면 사회를 자유롭게 살아갈 수 있다. 그것이 바로 '거친 산길을 걷는다'는 것의 의미다.

나는 웹 진화 덕분에 앞길에 커다란 가능성이 펼쳐진 요즘 젊은이들이 너무도 부럽다. 나 자신은 그런 기회를 부여받지도, 그런 교육을 받지도 못했기 때문이다. 그럼에도 요즘 젊은이들은 우등생일수록 거친 산길이 무엇인지 상상조차 못하며, 미래에 대해 막연한 불안을 가지고 있다.

거친 산길에 대한 불안을 '자유에 대한 기대'로 전환시키려면, 가능한 한 이른 시기에 자신의 능력을 돈을 받고 팔아 보아야 한다. 누구에게나 있는 능력을 소모품처럼 시간 단위로 판매하는 '시급(時給)' 차원의 아르바이트를 말하는 것이 아니다. 시장 가격이 형성되어 있지 않은 능력을 거래해 돈을 버는 경험을 해 봐야 한다.

나는 곧잘 "500장 들어가는 명함집을 준비하라"고 조언한다. 인터넷의 명함 관리 소프트라도 괜찮다. 그 명함집에는 조직을 떠나 홀로 남겨질 경우 자신의 능력을 사 주고 타당한 대가를 지불해 줄 만한 사람(시급으로 환산했을 때 최소한 몇만 원 이상은 줄 만한 사람)의 명함만 넣는다. 인터넷을 통해 알게 된 사람에서 현실 세계의 업무를 통해 사귄 사람, 친구나 친척, 후배, 지인에 이르기까지 나와 관계를 맺은 사람을 모두 떠올려 본다. 명함집에 넣을지 말지를 판단하는 기준은 간단하다. '홀로 남겨진 나'를 정당하게 평가해 주고 내 능력을 돈을 주고 사 줄 가능성이 있는지가 기준이다. 그 기준을 토대로 명함집을 채워 가는 것이다.

명함집이 가득 찬 뒤에 또 누군가를 만나 명함을 교환해 보니 그 사람이 판단 기준에 적합하다면 기존의 명함을 교체해야 한다. 한 사람이 추가되면 다른 누군가를 삭제하는 것이다. 그렇게 해서 500장이 든 명함집이 준비된다면, 그것은 야생 동물이 다니는 거친 산길을 걷는 데 더없이 막강한 무기라고 할 수 있다.

조직을 떠나 홀로 남겨졌을 때, 명함집의 500명 가운데 실제로 정당한 대가를 지불해 줄 사람은 많아야 50명 내외일 것이다.

하지만 조직을 떠나기 전에 몸으로 부딪치는 거친 생활을 경험하지 못한다면 그런 50명조차 확보하지 못한다. 당연한 일이다.

포기하지 말라. 극복하지 못한다면 '조직을 떠나면 홀로 남겨진다'는 영원한 두려움 속에 살게 된다.

열심히 일하는 사람의 시대

『바보의 벽』의 저자 요로 다케시 씨는 이렇게 주장했다.

"젊은이들은 앞으로 어떻게 살아가야 할까. 가장 제대로 된 삶은, 연장자가 적응하지 못하고 뒤처지거나 능력을 발휘하지 못하는 분야에서 최선을 다하는 것이다. 그런 기준에 가장 적합한 분야가 바로 인터넷이 아닐까."

젊은이들은 젊음의 장점인 뛰어난 정보 해독력을 활용해 거친 산길을 자유롭게 확보할 수 있다. 필자도 '나가시 소멘(流し素麵. 테이블 앞에 물이 흐르는 대나무 통을 만들고, 그곳으로 요리사가 면을 흘려보내면 손님이 젓가락으로 집어 간장에 찍어 먹는 방식—옮긴이)'형 정보 처리 능력이 거친 산길을 걷는 데 강력한 무기가 되었다.

가난했던 시절, 나가시 소멘 집에 가면 치열한 경쟁이 벌어졌다. 요리사가 면을 흘려보내기 무섭게 모두들 면을 건져 내려고 달려들었다. 요즘 젊은이들은 다르다. 무엇보다도 배가 고프지 않다. 세상은 풍요로워졌고, 소멘은 얼마든지 있다. 정보를 예로 들어 보자. 요즘 젊은이들에게 소멘(=정보)은 무한한 존재다. 면이 내 앞을 지나쳐 흘러가 버려도 별로 신경 쓰지 않는다. 먹고 싶을 때에만 젓가락을 내밀어 면을 집을 뿐이다.

하지만 한 가지 명심해야 할 것이 있다. 소멘은 언제 집어도 소멘일 뿐이다. 반면 정보는 다르다. 오늘날의 정보 해독력이란, 무한한 정보 속에서 유한한 자신의 선호 분야를 찾아내는 능력이다. 방대한 정보 속에서 자신에게 소중한 정보를 끊임없이 찾아내는 능력이다. 요즘 젊은이들은 그것을 무의식적으로 배우고 있으며, 의식적으로 자신만의 정보 처리 능력을 활용한다.

젊은이들의 또 다른 무기는 '인터넷을 통해 연결된 두뇌(=타인의 뇌)'를 철저하게 활용하는 것이다. 소셜 네트워킹 서비스(SNS) 등이 발전하면서, 정보 해독력이 높은 젊은이들은 항상 수십 명과 인터넷으로 연결된 상태에서 조언하거나 조언을 받으며 살아가고 있다. '연결된 뇌'를 적극적으로 활용하면서 일하는 방식은 아직까지는 초보 단계이지만, 좀 더 발전하면 개인이 홀로 창출할 수 있는 가치를 크게 뛰어넘을 수 있다.

앞 장에서 나는 '새로운 리더상(像)'으로 자발적인 근면을 강조했다. 우리들에게 평등하게 부여된 자원은 시간뿐이고, 자신이 선택한 분야에 시간을 쏟아 붓는 근면성이 날이 갈수록 중요해진다고 했다. 좀 더 쉽게 말해, 과거에도 그랬지만 앞으로도 '열심히 일하는 사람의 시대'가 된다는 얘기다.

머리는 좋지만 나태한 사람은 21세기라는 시대에는 맞지 않는다. 머리가 좋기 때문에 시험 점수는 좋을 것이다. 지금까지는 제법 괜찮은 자리에 있었을지도 모른다. 하지만 이들은 무슨 일이건 귀찮아하는 경향이 있다.

웹 진화는, 능동적으로 일하면 반드시 결실이 돌아오는 '능력의 증폭기'이다. 그런 웹 진화 세상에서 노력하는 자와 게으름뱅이의 차이는 갈수록 벌어진다. 노력파는 복잡한 생각 없이 타박 타박 거친 산길을 걸어갈 것이다. 바로바로 반응이 돌아오는 인터넷에 홍분하고, 믹시(MIXI)를 통해 많은 친구를 사귄다. 새로운 관계를 적극적으로 즐기려 한다. 게으름뱅이들은 아마도 "도대체 그게 뭐가 재미있느냐"며 비웃을 것이다. 하지만 거친 산길에 적합한 유형은 머리 좋은 게으름뱅이가 아니라 노력파다. 지금까지의 사회는 '머리가 좋은 사람 대 머리가 나쁜 사람', '기억력이 좋은 사람 대 기억력이 나쁜 사람'이라는 구도로 움직여 왔다. 이제 거친 산길의 대립 축은 노력파와 게으름뱅이이다. 거친 산길에서 머리만 믿다가는 길을 잃고 헤매기 십상이다. 단지 지식이 많거나 뛰어난 기억력 덕분에 '머리가 좋다'고 평가받았던 사람들. 거친 산길에서 그들은 수재가 아니다.

'종합력'이 거친 산길의 성패를 좌우한다

고속도로론은 장기의 세계에서 아이디어를 얻은 '인터넷 사회론'이다. 젊은 장기 기사 도야마 유스케 4단의 사례를 중심으로 '거친 산길 역량'이 무엇인지 알아보자. 도야마는 거친 산길에서도 충분히 살아남을 수 있는 강인한 사람이다. 그는 갓 프로가 되었을 때부터 이미 새로운 수를 구상하는 등 '높고 험한 길'에서도 장래가 촉망되는 기사였다. 그의 거친 산길 역량은 필자와 친구가 되는 과정에서도 잘 드러났다.

장기 세계에 구축된 학습의 고속도로는 그 목적이 단순하고도 명확하다. 바로 '장기 실력을 향상시킨다'는 것이다. 따라서 장기의 고속도로의 종점에서 벌어지는 대정체 상황을 헤치고 나아간다는 것은, 대회에서 우승하거나 랭킹이 올라감을 의미한다. 그 목적을 위한 수단은 오로지 하나다. 즉 경기에서 이기는 것뿐이다. '높고 험한 길'이 무엇인지 잘 보여 주는 사례다.

하지만 여기서 생각해 봐야 할 것이 있다. 이제 실력만 좋으면 장기로 생계를 꾸려 나갈 수 있다. 장기 고속도로의 대정체 지점을 통과하기만 하면 장기로 밥을 먹을 수 있게 된 것이다. 하지만 이런 '장기 세계의 인프라'는 하루아침에 이루어진 것이 아니다. 선배들이 고생 끝에 만들어 낸 비즈니스 시스템의 결실이다. 높고 험한 길을 거쳐 정상에 올라서더라도 생계가 해결되지 않는 전문 분야는 허다하다. 그럴 경우에는 거친 산길과의 조합을 통해 생계를 해결해야 한다.

장기 세계의 거친 산길이란 무엇일까. 경기에서의 승리를 통해, 즉 상금을 받아 생계를 꾸리는 것 이외의 모든 가능성을 모색하는 것이다. 장기 연맹 운영, 장기 보급 및 지도, 장기 해설, 장기 이벤트 기획 및 운영, 장기 관련 서적 집필, 장기 잡지 및 사이트 운영, 장기 소프트 개발, 장기의 글로벌화(해외 보급), 새로운 시장 개척, 장기 관련 차세대 비즈니스 시스템 구상과 집행 등등이 장기 세계의 거친 산길이다.

이 모든 분야에서 장기 실력이 반드시 필요한 것은 아니다. 프로 스포츠의 세계처럼 프로 에이전트 같은 새로운 직업이 탄생할지도 모른다. 장기와 장기 이외의 이질적인 분야를 다양하게 조합하는 '종합력'이 성패를 좌우한다. 그것이 바로 거친 산길이다. 도야마 4단의 경우 그 거친 산길 능력은 필자와 친구가 되는 과정을 통해 증명되었다.

도야마 4단은 이른 시기부터 실명으로 블로그를 활용해 온 사람이다(진취적 기상, 적극성, 자기표현 욕구). 또한 그는 장기계의 미래에 뜨거운 관심을 갖고 있었다(폭넓은 문제의식, 고속도로 이외의 세계에 대한 관심).

나는 장기 연맹의 간부와 직원을 대상으로 '장기의 매력 전파와 장기 보급을 위해 인터넷을 어떻게 활용할 것인가'에 대해 강연한 적이 있는데, 이때 도야마 4단이 정보를 듣고(정보 수집력) 프로 기사로서는 드물게 강연회에 참석했다(행동력). 강연이 끝난 뒤 그는 연맹 간부 전원이 모여 있는 장소에서 장기 세계에 대해 진지하게 문제를 제기했다(적극성, 용기). 그리고 다음 날 자신의 블로그에 강연회에 대한 감상을 올렸고, 블로그의 댓글란을 통해 필자와 교류하기 시작했다(속도감). 그 과정에서 그는 장기의 실력만을 기준으로 사람을 평가하지 않았다(상식). 그런 그와 이메일을 주고받는 과정에서 필자는 그에 대한 호감도가 높아졌고, 그와 만나고 싶어 졌다(밝은 성격, 솔직함, 호감을 주는 성격). 내가 연락하자마자 그는 나와 대화가 통할 듯한 기사 5명을 불러 저녁 자리를 마련했다(커뮤니티 리더십. 준비 능력). 모임 다음 날에는 기분 좋은 이메일이 도착해 있었다(커뮤니케이션 능력). 수개월 뒤에 열린 두 번째 저녁 모임에서는 필자 측 일행에 여성이 있다는 사실을 알고는 바로 여류 기사 1명을 추가했다(배려, 친절, 유연성, 반사 신경적으로 판단하고 결정하는 능력).

위의 글에서 괄호 안의 내용이 바로 거친 산길 역량이다. 이토록 뛰어난 사회성과 대인 능력을 갖춘 사람이라면 별 어려움 없이 거친 산길을 걸어 나갈 수 있다.

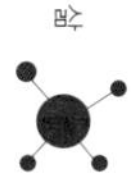

'In the right place at the right time'

영어로 'In the right place at the right time'이라는 표현이 있다. '적절한 시기에 적절한 장소에서'라는 의미다. 나는 실리콘밸리에 살게 되면서부터 이것이 얼마나 중요한지를 절감했다. 그리고 인생의 모든 것이 여기에 달려 있다고까지 생각하게 되었다. 하늘이 내린 천재급 인사는 논외로 치고, 사람은 대부분 인생의 중요한 국면이 우연과 운에 의해 결정된다. 우리들은 무의식중에 결정을 내리면서 하루하루를 살아간다. 그런 과정에서 선택과 행동 패턴을 통해 운과 우연을 움켜잡은 사람과 그렇지 못한 사람으로 나뉘게 된다. 그 사람이 닦아 온 능력에 더해 '적절한 시기에 적절한 장소에' 있다는 것은 매우 중요하다. 이는 궁극적으로 누군가의 가슴에 깊은 인상을 남기고, 결정적인 시점에 누군가로부터 초청장을 받아 내는 역량이다.

풍부한 진취성, 적극성, 자기표현 욕구, 폭넓은 문제의식, 고속도로 바깥 세계에 대한 관심, 정보 수집력, 행동력, 적극성, 용기, 속도감, 상식, 밝은 성격, 솔직함, 호감도, 커뮤니티 리더십, 준비성, 커뮤니케이션 능력, 배려, 친절, 유연성, 반사 신경적으로 판단해 결정하는 능력⋯⋯.

거친 산길 능력의 요소를 열거하다 보면, 이것을 모두 갖춘다는 것은 불가능해 보인다. 그러나 사실은 인간으로서 극히 상식적으로, 하루하루를 조금 더 적극적이고 정성스럽게 산다는 것 이외에 별다른 것이 없다(남성보다 여성이 거친 산길을 더 잘 헤쳐 나갈지도 모른다). 일상의 나날을 정성스럽게 보내면 '적절한 시기에 적절한 장소에' 있을 행운과 만날 기회도 많아진다. 거친 산길에서 사나운 야생 동물과 만나는 일도 없을 것이다. 설사 동물이 뛰쳐나오더라도 동료 중 누군가가 도움을 주기 위해 달려올 것이다.

4장

지향성의 발견과 롤 모델 사고법

자신의 내부에서 뿜어져 나오는 것이 무엇인지 구체적으로 보이지 않더라도, 궁합이 맞는 특정 대상에 빠져들다 보면 롤 모델이 생겨나게 된다. 그러면 왜 내가 그 대상에 끌렸는지 끊임없이 생각한다. 이런 식으로 반복하나 보면, 많은 롤 모델을 발견하게 된다. 그리고 외부의 롤 모델 발견이 바로 자신을 발견하는 것이라는 사실을 알게 된다. 자신의 지향성 중 애매했던 부분이 다양한 롤 모델의 총체로서 외부 세계에서 명확한 형태로 다가오기 시작한다. 그것이 그때그때의 목표가 되고, 거친 산길에서 등대가 되는 것이다.

좋아하는 일을 발견하는 방법

앞 장에서는 '고속도로와 높고 험한 길' 또는 '거친 산길'을 갈 때 각각 어떤 마음가짐이 필요한지 설명했다. 그런데 '어떤 고속도로를 갈 것인지', 또는 '어떤 거친 산길을 걸을 것인지'를 결정할 때 기준이 되는 것은 자신의 '지향성'이다. 즉 자신이 진정으로 좋아하는 길을 선택하면 되는 것이다.

노벨 물리학상 수상자인 고시바 마사토시(小柴昌俊)는 인터뷰에서 이렇게 말했다.

"중요한 것은 자신이 진정으로 하고 싶은 일이 무엇인지를 발견하는 것입니다. 그것이 인생에서 가장 중요합니다. 물론 간단하진 않습니다. 자신의 적성에 맞는 것이 무엇인지, 무엇을 좋아하는지 찾아내기란 쉽지 않습니다. 하지만 최선을 다해 찾아내야 합니다. 자신의 지향성을 발견하려는 노력도 하지 않은 채 건성건성 삶을 사는 것은 바람직하지 않은 태도입니다. 그것이 가장 나쁩니다."(『포사이트』, 2007년 3월호)

자신이 진정으로 좋아하는 것을 발견하기란 쉽지가 않다. 좋아하지 않는다고 생각했던 것을 세월이 흐른 뒤에야 "이것이 바로 내가 진정으로 좋아하는 것"이라고 깨닫는 경우도 있다. 지향성을 발견하는 노력이란 무엇을 의미할까. 어떤 식으로 그것을 찾아야 할까. 어떤 과정을 거쳐야 몰두할 수 있는 대상을 발견할까. 진정으로 좋아하는 분야를 발견하고 키워 나갈 수 있는 사고법이 존재할까. 이번 장에서는 이렇게 '쉽지 않은' 문제에 도전한다.

나는 '좋아하는 것' 이외에는 관심을 갖지 못했다. 의욕도 생

기지 않았고 능력 발휘도 안 되었다. 그래서 거친 산길을 걷기로 결심했을 때, 아침부터 밤늦게까지 정열을 쏟아 부을 수 있는 대상을 찾으려 했다. 진정으로 좋아하는 일, 내 적성에 맞는 분야를 찾아내지 못한다면 살아남지 못할 것이라고 생각했다. 하지만 도대체 나 자신이 좋아하는 것이 무엇인지 알 수가 없었다. 시행착오를 거듭했다. 나 자신을 향해 '좋아하는 일', '적성에 맞는 일'이 무엇인지 끊임없이 물었다. 하지만 뇌는 마음대로 움직여 주지 않았다. 명확한 이미지가 떠오르지도 않았다. 거친 산길에는 안내판도 없었다. 그래서 '불안할 때 힘이 되어 주는 등대' 같은 것을 연상할 필요가 있었다. 그 결과 나름의 사고법을 터득했고, 거기에 '롤 모델 사고법'이라는 이름을 붙였다. 롤 모델 사고법의 핵심은 '외부 세계'에서 답을 구하는 것이다.

말하자면 이런 식이다.

우선 직감을 믿는 것에서 시작된다. 외계의 방대한 정보에 자신을 노출시킨 채, 직감적으로 '롤 모델'을 골라 간다. 한 명만을 선택해서 맹신하는 것이 아니다. '특정인의 삶의 방식 중 특정 부분', '특정 업무 속의 특정 시간', '특정인의 시간 사용법', '특정인의 생활의 한 모습' 등 인생의 온갖 국면에 관한 수많은 정보 중에서 자신과 궁합이 맞는 롤 모델을 필사적으로 수집하는 것이다.

자신의 내부에서 뿜어져 나오는 것이 무엇인지 구체적으로 보이지 않더라도, 궁합이 맞는 특정 대상에 빠져들다 보면 롤 모델이 생겨나게 된다. 그러면 왜 내가 그 대상에 끌렸는지 끊임없이 생각한다. 이런 식으로 반복하다 보면, 많은 롤 모델을 발견하게 된다. 그리고 외부의 롤 모델 발견이 바로 자신을 발견하는 것이라는 사실을 알게 된다. 자신의 지향성 중 애매했던 부분이 다양한 롤 모델의 총체로서 외부 세계에서 명확한 형태로 다가오기 시작한다. 그것이 그때그때의 목표가 되고, 거친 산길에서 등대가 되는 것이다.

롤 모델 사고법을 구체적인 예를 들어 설명하기는 어렵다. 필자의 롤 모델 사고와 독자들의 롤 모델 사고, 또 제3자의 롤 모델 사고가 전혀 다르기 때문이다. 롤 모델이란 각자의 개성 자체인 것이다. 그럼에도 독자들의 이해를 돕기 위해 필자의 롤 모델 사고법의 사례를 소개한다.

나의 '롤 모델 사고법'

인생에서 가장 불안한 시기였던 20대 중반에 나는 거친 산길을 걷기로 결심했다. 당시가 나로서는 인생 최대의 전기였다.

나 자신이 '진정으로 좋아하는 것'을 기점으로 삼아 온갖 것을 끊임없이 생각했다. 우선 떠오른 것이 보험업계의 액추어리(Actuary. 보험 공인 회계사)처럼 내가 자신 있어 하는 분야인 수학을 활용하는 업무였다. 또 IBM 등 외국계 IT 기업의 영업직처럼 '수학 및 컴퓨터'와 사회의 접점에 있는 업무도 떠올랐다. 하지만 그런 일에는 정열을 쏟아 부을 자신이 없었다.

다음에는 대하 문과 계열로 재입학하는 것을 고려해 봤다. 대학에 남아 경제학이나 경영학을 연구하면 어떨까 하는 생각이었다. 고등학교 동창이 은행에 사표를 내고 어린 시절부터 좋아했던 가부키 배우가 되기 위해 쇼치쿠(松竹. 일본의 유명 공연 예술 업체—옮긴이)에 입사한 것에도 자극을 받았다.

내가 좋아하는 장기와 관련된 일을 하고 싶기도 했다. 그래서 한때 일본 장기 연맹에 취직하는 것을 심각하게 고려했다. 작가 사와키 고타로(澤木耕太郎)의 초기 르포 소설에 푹 빠져 르포라이터가 될까 생각했던 적도 있다.

하지만 이 분야들에서 정상에 오르려면 엄청난 시간을 투자해야 했다. 또 사실 필자를 강력히 빨아들이지도 못했고, 현실감도 별로 없었다. 어떤 분야에도 손을 대지 못한 채 책만 읽으며 하루하루를 보내던 시절이었다.

어느 날 애독서 『셜록 홈스의 모험』에 몰두하면서, 내가 어린 시절부터 '사립 탐정'이라는 직업에 끌렸었다는 사실을 깨달았다. 범죄 수사라는 행동이 아니라, 사립 탐정이라는 존재에 끌린 것이었다. 그러나 홈스에 감동하여 사립 탐정이 되려고 한다면 초등학생과 다를 바가 없지 않은가. 나는 과연 홈스의 어떤 면이 나에게 강렬한 신호를 보내고 있는지 철저하게 분석하기로 했다.

책을 읽고 또 읽은 결과 나의 지향성, 즉 진정으로 좋아하는 일을 발견하게 되었다. 나는 전문성을 가진 덕분에 사람들이 의지하고 싶어 하는 존재가 되고 싶었고, 일을 의뢰받아 착수하고 나면 정신없이 바빠지지만 의뢰가 없을 때는 철저히 한가한 직업을 갖고 싶었다.

나 자신도 의외였지만, 이러한 발견은 두 가지 의미에서 획기적인 돌파구가 되었다.

첫째, 나의 선호도를 기준으로 새로운 시점에서 외계의 가능성을 바라보려고 시도한 것이다.

둘째, 전혀 이질적이고 황당무계한 대책(예를 들어 셜록 홈스라는 가공의 인물)일지라도 '좋아하는 강도'만 높다면 롤 모델이 될 수 있다는 사실을 알게 되었다.

셜록 홈스를 계기로 나의 독서 방식은 크게 바뀌었다. 살기 위해 물을 마시듯, 살기 위해 책을 읽었다. 이것이 실상에 가장 근접한 표현이다. 그저 즐긴다든가 지식을 축적한다든가 하는 것은 이제 독서의 부차적인 목적이 되었다. 거친 산길을 걷는 데 필수적인 '지향성'을 발견하기 위한 도구가 바로 독서였다.

그 후 여러 가지를 깨닫게 된다. 사와키 고타로의 작품에 빠졌던 이유도 알게 되었다. 글로 밥을 먹는 르포라이터란 직업에 매력을 느낀 것이 아니었다. "미지의 세계로 나아가 수많은 미지의 사람과 얘기를 나누는 행위"와 "그 결과를 구조화하고 음미하는 과정에서 발휘되는 창조성"에 빠졌던 것이다. 창조성이야말로 나의 장점을 살려 줄 수 있는 분야가 아닐까 직감했다.

마음을 흔들었던 책 가운데 대학 시절 읽었던 『고고한 도전자들』(이마기타 준이치今北純一 지음)이 나에게 강력한 신호를 보내고 있다는 사실을 깨달았다. 처음 읽을 당시는 고속도로를 달리던 시절이어서 '신호의 존재'만이 희미하게 기억에 남아 있었다.

이마기타는 '바텔 연구소(Battelle Institute)' 소속이었다. 바텔 연구소는 전 세계 대기업들로부터 위탁받은 프로젝트를 연구하는 프로들의 집단이다. 『고고한 도전자들』에 푹 빠져 책을 다시 읽으면서 '세상에는 이런 직업도 존재한다'는 사실에 감동하고 놀랐다.

연구원들의 업무는 '미지의 사람들과 얘기를 나누는 것'에서 시작하여 '사고의 구조화'로 끝난다. 프로젝트 단위로 일하기 때문에 바쁨과 한가로움의 사이를 오간다. '내 지향성과 이렇게까지 일치하는 업무는 없었다'고 느꼈다.

바텔 연구소와 같은 '프로페셔널 펌(Professional Firm)'은 이제
는 상식이 되었지만 1980년대 중반까지만 해도 일본에서는 전
혀 '새로운 직업'이었다. 취직 대상으로 이런 직업을 떠올리는
학생은 없었다.

인터넷이 없던 시절이어서 필자는 도서관 등 이곳저곳 찾아다
니며 필사적으로 정보를 끌어 모았다. 이마기타가 묘사한 것과
유사한 형태의 직장을 찾아 헤맸다.

그 결과 알게 된 것은, 바텔 연구소는 미쓰비시(三菱) 상사와
제휴 관계에 있으며 일본 법인은 없다는 것, 바텔 연구소처럼 연
구 위탁 업무를 하는 회사는 그리 많지 않다는 것, 바텔과 가장
유사한 회사는 보스턴에 본사가 있는 '아서 D. 리틀(ADL)'이며
위탁 연구가 아니라 경영 컨설팅으로 중심을 옮기고 있다는 것
등이었다.

당시 ADL은 신문 광고를 통해 직원을 모집하고 있었다. 1980
년대만 해도 경영 컨설턴트는 수상쩍은 직업의 대명사였지만,
나는 이 회사에 기필코 들어가기로 결심했다.

경영 컨설턴트에게는 필수적이라고 할 수 있는 MBA(경영학
석사)도 없었고, 전문 분야 공부만 해 왔기 때문에 영어에도 능
숙하지 못했다. 하지만 ADL의 구인 광고를 보고 곧바로 응모했
다. 면접 때는 "최저 연봉을 받아도 좋다. 합격만 시켜 주면 열심
히 공부할 테니 현재의 영어 실력으로 판단하지 말아 달라."고
애원했다. 요즘의 인터넷 업체도 그렇지만, 현실 세계에서 아직
정통성을 인정받지 못한 '새로운 직업'의 세계는 다소 미래 지
향적이어서 과거의 실적이나 경험보다 정열과 같은 '수상한' 요
소를 긍정적으로 받아 주곤 한다. 나는 "최저 연봉으로 채용하

겠다"는 통보를 받았다. 롤 모델 사고법 덕분에 거친 산길에서
그렇게 출발을 할 수 있었다.

서랍 속 롤 모델을 꺼내라

거친 산길을 걷게 되면서 나는 롤 모델 방식을 끊임없이 연구했
다. 그러다가 어떤 기회가 찾아오면 그간 개발해 둔 롤 모델들이
들어 있는 서랍을 열어 판단의 자료로 삼았다. 그러고 나서 행동
으로 옮겼다. 또다시 전기가 찾아오면 다시 롤 모델의 서랍을 여
는 과정을 반복했다.

경영 컨설팅 회사에서 살아남는 방법에는 두 가지가 있다. 하
나는 경영 전반에 대한 지식과 기술을 두루 쌓아 '제너럴리스
트'가 되는 방법. 다른 하나는 자신의 전문성이 무엇인지를 발견
하고 그 전문성을 돈으로 바꾸는 방법.

대개는 전자를 선택한다. 하지만 나는 제너럴리스트적 업무에
열정을 쏟을 자신이 없었다. 소모품이 되어 버릴 것 같은 예감이
들었다. 그래서 후자를 염두에 두고 서랍 속 롤 모델의 종류를
계속 늘려 갔다.

그런 과정에서 나를 강력히 빨아들이는 '지향성 신호'를 감지
했다. '부티크 컨설팅 펌', 즉 '전문성이 높은 소규모 컨설팅 회
사'가 발신하는 신호였다. 지향성이 강한 전문 분야 컨설팅을 하
는 작은 조직이라는 점에 마음이 끌렸다. 세계적인 부티크 컨설
팅 펌에는 어떤 것이 있는지 업무 틈틈이 조사를 했다. 그리고
마침내 '레지스 매케나(Regis McKenna)'라는 회사를 발견했다.
이 회사가 실리콘밸리에 있음을 알게 된 뒤 나는 이 회사를 나의

롤 모델로 정했다. 그러고는 ADL이라는 커다란 조직 속에서 '레지스 매케나'와 유사한 업무를 수행할 수 있는지 알아봤다.

레지스 매케나는 실리콘밸리에 태동하던 인텔이나 애플 등 신흥 기업을 고객으로 삼아 '테크놀로지 마케팅 전략'이라는 서비스를 제공하는 회사였다. 이런 분야에서조차 전문 영역을 확보할 수 있다는 사실에 놀랐다. 친구를 통해 레지스 매케나에 관한 자료를 입수했다. 일본 기업들을 고객으로 삼을 경우 어떤 서비스를 제공할 수 있는지, 이를 위해서는 어떤 능력을 갖춰야 하는지 철저히 연구했다.

결론은 참담했다. 경영 컨설턴트로서의 경험이나 하이테크 산업 특유의 경영 전략에 대한 지식이 모두 형편없이 부족했기 때문이다. 레지스 매케나는 실리콘밸리에 대해 아는 것이 없는 신참 컨설턴트가 롤 모델로 삼기에는 너무도 높은 산이었다. 하지만 도저히 포기할 수 없을 정도로 레지스 매케나가 발신하는 신호는 강력했다. 새롭게 출발해야겠다는 의욕이 솟아났다.

나는 ADL의 '사내 익스체인지 프로그램'에 응모해 샌프란시스코 사무소로 전근하고 싶다는 희망을 밝혔다. 그리고 1991년 말부터 1년간 ADL 샌프란시스코 사무소에서 실리콘밸리를 경험했고, 벤처 세계를 연구했다. 귀국 후 해야 할 다음 과제는 1년간의 연구 성과를 어떻게 '돈으로 바꾸느냐'였다. 미국에서 1년 동안 공부를 했다고는 하지만, 30대 전반의 젊은 친구에게 기꺼이 고액의 컨설팅 비용을 지불할 회사는 없었다.

나는 미국에서 모아 둔 롤 모델 서랍을 열었다. 서랍 안에서는 에스터 다이슨 여사의 '콘퍼런스와 뉴스레터' 사업이 강력한 신호를 발신하고 있었다. 그것을 나의 연구 성과를 돈으로 바꾸는 롤 모델로 삼기로 결정했다.

에스터 다이슨이 시도한 것은 IT 산업의 '회원제 고급 클럽' 운영과 같은 것이었다. 연간 구독료가 500달러 정도인 뉴스레터를 월 1회 발행하고, 참가비 2,500달러의 콘퍼런스를 연 1회 개최한다.

샌프란시스코 사무소에서 근무할 때 나는 이 롤 모델을 철저히 연구했다. 내 전문 영역과 가까운 데다, '좋아하는 일을 하며 생계를 해결하는 직업'이라는 조건을 완벽하게 충족시키는, 아니 그런 차원을 뛰어넘는 모델이기 때문이었다. 스몰 비즈니스를 창업해 큰 수익을 거두면서 평생 하고 싶은 일을 하고 사는 에스터 다이슨의 모습에 큰 매력을 느꼈다.

그는 발행 부수 5,000부의 뉴스레터로 약 250만 달러, 최소 500명이 참가하는 콘퍼런스로 125만 달러 등 연간 수십억 원의 매출을 올리고 있었다. 더구나 '1인 비즈니스' 형식이어서 고정비가 거의 들지 않는, 매우 수익성 높은 사업이었다. 매달 한 가지 테마를 정해 최우량 기업의 간부들과 토론하며 사색하는 그의 라이프스타일과 시간 사용법은 나에게 꿈같은 세계였다. 나는 그 롤 모델 방식을 소중히 서랍에 넣어 뒀었다.

그러나 그 같은 롤 모델을 일본에서 실현하려고 하니 어려움이 많았다. 미국에는 수많은 벤처 기업의 수많은 사람이 끊임없이 움직이기 때문에 '개인'이 뉴스레터를 구독하는 방식이 가능하다. 그들을 겨냥한 사업이 성립될 수 있다. 하지만 일본의 컴퓨터 산업은 대기업 중심이다. 기업의 간부를 회원으로 가입시켜 뉴스레터를 발행할 경우 뉴스레터가 곧바로 복사되어 사원 모두에게 회람된다. 특히 분량이 적은 뉴스레터는 쉽게 복사할 수 있기 때문에 사업화가 더더욱 어렵다.

콘퍼런스 역시 마찬가지다. 에스터는 콘퍼런스를 2~3일 일정으로 리조트에서 진행했고, 숙박비 외에 별도로 2,500달러를 받았다. 이것도 일본에서는 비현실적이었다. 그래서 나는 이 비즈니스 모델을 일본식으로 개조하여 1993년, 'ADL 정보 전자 산업 포럼'이라는 신사업을 론칭했다. 이때 내가 원칙으로 삼은 몇 가지를 열거해 보자면 다음과 같다.

- 포럼은 연 1회가 아니라 매달 1회 3시간씩, 도쿄 시내의 호텔에서 개최한다.
- 뉴스레터 형식으로 보내는 것이 아니라, 매달 보고서를 작성해 보고회 자리에서 직접 설명한다.
- 개인이 아닌 기업을 회원 단위로 삼아 참가 비용을 설정한다. 회원 기업에는 2석을 제공하고 3석 이상은 추가 비용을 내도록 한다. 한 회사에서 매달 같은 사람이 와도 되고 사람을 바꾸어 가며 참가해도 무방하다.
- 3개월에 한 번씩 참가자들과 간담회를 갖고 간부급을 대상으로 조찬회를 개최한다.

이 같은 방식이 적중하여 전성기 때는 매출이 10억 원을 넘었다. 더구나 포럼 사업은 대형 프로젝트로도 연결되었다. 나의 컨설팅 고객은 당시의 포럼 참가자들에 그 뿌리를 두고 있다.

에스터 다이슨의 사업을 롤 모델로 'ADL 정보 전자 산업 포럼' 사업을 시작하지 않았더라면, 나는 분명 지금과 전혀 다른 장소에서 전혀 다른 일을 하고 있을 것이다.

이야기를 다시 현재로 돌려 보자. 기술의 발전이 우리들에게 전혀 새로운 가능성을 제시해 주는 경우가 있다. 우연한 계기로 태어난 자그마한 '힘의 싹'이 쑥쑥 자라나 '향후 10년'의 산업계 모습을 근본적으로 바꾸어 버리는 것이다. 컴퓨터의 역사는 그런 사례의 전형이며, 그것이 바로 내가 이 세계에 지적 흥분을 느끼는 이유이기도 하다.

나는 많은 시간을 컨설턴트 및 벤처 캐피털리스트로 일해 왔다. 다시 말해 컴퓨터 세계에서는 '조연'이었던 셈이다. '힘의 싹'이 눈앞에 나타나도 그저 방관자였을 뿐이다. 주체적 참가자로서 컴퓨터 기술의 발전을 나 자신의 문제로 인식하고 힘의 싹에 투자하며 승부하는 경험은 하지 못했다. 그래서 안테나를 높이 뽑아 놓고 나와 궁합이 맞는 힘의 싹과 만나길 고대해 왔다.

2002년 가을, 나는 '블로그'라는 생소한 단어를 듣게 되었다. 새로운 존재가 발신하는 강한 신호를 감지했던 것이다. 그것이 나에게 매우 소중한 힘의 싹이 되리라는 사실을 직감했다. 나는 10여 년간 잡지와 신문에 기고해 왔기 때문에, 블로그라는 새로운 미디어가 탄생하자 주체적 참가자로서 참여하게 되었다. 회사를 따로 설립할 필요도 없었다. 단지 '시간 사용의 우선순위'만 바꾸면 충분히 가능한 일이었디.

내가 블로그에 끌린 이유는 두 가지의 흥미로운 가능성을 동시에 추구할 수 있을 것 같았기 때문이다. 그 하나는 '새로운 미디어'로서의 가능성으로, 인터넷에 나만의 미디어가 마련될 경우 문장 표현자의 활동이 무엇을 실현시켜 줄 수 있는지를 실험

하는 것이었다. 또 하나는 블로그라는 미디어를 통해 일본의 젊은 인재들과 만날 수 있다는 가능성이었다. 그리고 이 두 가지 가능성에 각각 별도의 롤 모델이 필요하다고 생각했다.

웹 진화를 연구하면서 필자는 산업 혁명 직후의 유럽, 특히 19세기 프랑스에서 많은 교훈을 얻었다. 당시의 상황을 떠올리며 자극받았고, 미래를 생각했으며, 다양한 아이디어를 얻었다. 나는 19세기의 경관이 아직도 남아 있는 파리의 거리에 매료되어 있었고, 휴가를 얻으면 곧잘 파리를 방문하곤 했다. 그래서 프랑스를 떠올리며 아이디어를 얻는다는 것은 무척 즐거운 일이었다.

블로그를 연구하는 과정에서 19세기 초 신문 연재소설이 블로그(적어도 나의 블로그)의 롤 모델로서 적합하다는 느낌이 들었다. 작가가 신문에 소설을 연재하기 시작한 것은 19세기 전반의 일이다. 그것은 당시로서는 새로운 '힘의 싹'이었다. 그때까지 작가는 후원자의 도움을 받으며 글을 썼다. 그런데 19세기에 들어 후원자의 도움 없이 '대중을 향해' 글을 쓰며 생계를 해결하는 '새로운 직업'이 모습을 드러낸 것이다. 신문 발행 부수가 2,000~3,000부에 불과했던, 신문 연재소설의 발흥기에 발자크의 '인간 희극'이 신문에 연재되었다.

나는 발자크의 소설과 그에 대한 평론을 닥치는 대로 입수해서 분석했다. 살기 위해 물을 마시듯, 롤 모델을 찾기 위한 필사적인 독서였다. 수많은 책 속에 담긴 방대한 정보를 찾아내 스스로가 갈망하는 신호를 찾아내는 작업이었다. 그런 작업을 통해, 19세기의 발자크는 요즘 그에게 따라붙는 '대문호' 칭호와는 다소 다른 이미지를 가진 인물이라는 사실을 알게 되었다.

발자크는 젊은 시절에 인쇄소와 활자 주조소를 경영했던 행동적 기업인이었다. 당시의 인쇄소는 요즘으로 말하면 인터넷 벤처에 해당하는 '새로운 직업'이다. 발자크는 변혁기인 19세기의 거친 산길에서 실패와 성공을 거듭하며 다양한 시도를 한 인물이었다.

변혁기란 눈앞이 확 트이는 발견이 줄을 잇는 시기다. 나는 주저 없이 19세기 초기의 신문 연재소설을 블로그를 시작하는 나의 롤 모델로 채택했다.

새로운 시간 사용법의 롤 모델

그 무렵 나는 젊은이들이 좀 더 활기차게 활약할 수 있는 사회를 만들어야 한다고 생각했다. 그리고 가능한 분야부터 젊은이들을 지원하는 활동을 시작했다. 블로그라는 '힘의 싹'과 만난 시점에 야마기시 고타로(山岸廣太郎. 1976년생)가 회사에 사표를 내고 'CNET Japan'이라는 뉴스 사이트를 창업한다는 소식을 들었다. 그는 『닛케이(일본 경제 신문)』 관련 회사이자 첨단 콘텐츠 공급사인 '닛케이BP'에서 나의 담당 편집자로 일하던 친구였다.

학생 시절부터 나를 빈번히 찾아왔던 그를 '거대 조직 바깥의 삶도 나름대로 즐겁다'고 꼬드긴 적이 있었다. 그가 조직 밖으로 나왔다는 소식을 듣고 도움을 줘야겠다고 생각했다. 그래서 2003년 4월부터 분량이 꽤 많은 연재물인 〈영어로 읽는 IT 트랜드〉를 'CNET Japan'에 매일 빠뜨리지 않고 실었다. 인터넷의 상식을 뒤엎는 블로그 연재를 시작한 것이다.

롤 모델이 '19세기 초의 신문 연재소설'이었기 때문에 날마다 이어지는 '다작(多作)'에 아무런 주저가 없었다. 블로그라는 새

로운 힘의 싹과 만난 이상, 내가 가진 희소 자원인 '시간'을 과감히 쏟아 부어야 한다고 생각했다. 그리고 시간의 과잉 투자는 마침내 반향을 불러일으켰다. 연재 한 달 만에 1만 명이 상시 접속하는 개인 미디어로 성장한 것이다.

테마는 웹 진화, 실리콘밸리, 새 시대의 새로운 경력 등, 인터넷에 푹 빠진 젊은이들을 잡아끌 수 있는 것만 골랐다. 결과적으로 블로그가 지닌 두 번째 가능성, 즉 블로그라는 미디어를 통해 재능 넘치는 젊은이들과 만나는 가능성을 실현하게 되었다. 그렇게 만남이 이어지는 가운데 나는 다시 새로운 롤 모델 개발에 착수했다.

어느 날 문득 실리콘밸리 벤처 캐피털리스트 대선배인 가네코 야스노리(金子恭規. 스카이라인 벤처스 공동 대표)의 말이 생각났다.

"다시 한번 젊어지고 싶군요. 그렇게 젊은 마음으로 스탠퍼드 대학이나 MIT를 매일같이 어슬렁거리면 필시 몇 명의 엄청난 천재를 만날 수 있겠지요. 그 녀석들과 함께 큰 사업을 해 보고 싶습니다."(『포사이트』, 2003년 11월호)

'젊은 마음으로 스탠퍼드나 MIT를 매일같이 어슬렁거린다'는 것은 실리콘밸리 정상의 벤처 캐피털리스트인 존 도어가 젊은 날 했던 일이다. 도어는 스탠퍼드 대학 연구실에 매일같이 잠입해 재능이 넘쳐흐르는 젊은이들과 시간을 보냈고, 젊은이들이 스스로 알아차리지 못했던 가능성을 끄집어내어 거기에 투자함으로써 성공한 사람이다.

'그래, 존 도어가 젊은 날 사용했던 시간 활용법을 롤 모델로 삼아 재능 넘치는 일본 젊은이들을 찾아내 보자."

그래서 나는 일본으로 출장을 갈 때마다 남는 시간을 활용하는 방법으로 그 롤 모델을 사용했다. 젊은 인맥의 중심에 있던 야마기시에게 빈 시간대를 알려 주면 그가 적임자를 추려 내어 추천해 주었다. 그와 같은 과정을 통해 새로운 유형의 우수한 젊은이들이 태어나고 있음을 알게 되었다.

자신의 지향성을 찾아내는 프로세스

롤 모델 사고법이란 단지 '누구처럼 되고 싶다', '이러이러한 직업을 갖고 싶다'는 단순한 희망 사항에 그치는 것이 아니라 거기서 한 걸음 더 나아가 자신의 지향성, 즉 진정으로 좋아하는 것이 무엇인지를 세세히 정의해 가는 프로세스다.

세상에는 다양한 '삶의 방식'과 '시간 사용법'이 존재한다. 그 다양한 삶의 방식에 흥미를 갖고 그것을 나 자신의 문제라고 생각해야 한다. 세상에 존재하는 무한한 정보 속에서 자신과 궁합이 맞는 신호를 재빠르게 포착해야 한다. 그리고 유한한 존재인 자신의 안으로 그것을 끌어들여야 한다. 그렇게 해서 궁합이 맞는 신호를 찾아냈다면 시간 사용의 우선순위를 바꾸어 중요하다고 생각되는 분야에 집중적으로 투자한다. 자유롭게 가설을 세워 보고, '바로 이거야' 하는 느낌이 오는 롤 모델에 푹 빠져 본다.

무엇보다 행동으로 나서는 것이 중요하다. 행동함으로써 새로운 정보가 탄생하고 새로운 사람들과 연결되며 새로운 롤 모델을 발견하게 된다. 롤 모델을 따라 행동하고 시행착오를 거듭하는 가운데 의욕과 희망이 생겨나고 세계가 넓어질 것이다.

좋아하는 대상이 확고하다면 인터넷은 이를 증폭시켜 주는 역할을 할 것이다. 다양한 롤 모델을 시험해 보면서 계속해서 새로

운 모델을 만들어 간다. 위대한 인물을 자신의 모델로 삼은 뒤 아낌없이 소비하는 것이다. 찾아내고, 시험하고, 객관적으로 관찰하고, 필요하다면 다시 새로운 모델을 찾아 나선다. 인생의 다양한 상황에 대비해 수많은 롤 모델을 서랍 속에 준비해 두고, 필요할 때 끄집어내어 거친 바다의 등대처럼 사용하는 것이다.

직감과 롤 모델 사고법을 통해 최종적인 판단을 내린다. 판단이 내려지면 치밀한 전략을 세워 하나씩 실행해 나가야 한다.

생각해 보면 내가 일관되게 좋아했던 것은 컴퓨터와 생각하는 것과 글쓰기였다. 그러나 만약 내가 이 세 가지 범주에서 조금도 벗어나지 못했다면, 거친 산길에 자그마한 시련이 찾아왔을 때 쉽게 좌절했을 것이다. 다행히 나는 세 가지 외에도 다양한 분야를 시도했고, 시행착오를 거듭해 왔다. 그 과정에서 롤 모델은 핵심적인 지향성과 그 밖의 다양한 경향을 조합하면서 세상과 절충하는 데 큰 도움이 되었다.

웹 진화의 세상에서는 지식을 암기하는 것이 절대적인 가치를 지니지 못한다. 지식을 많이 모아 놓고 그 과다를 경쟁하는 것이 지식의 본래 모습은 아니다. 이제 지식은 삶의 소재로 활용될 때에만 진정한 의미를 갖게 되었다. 롤 모델 사고법을 자신의 내부에 표준화하는 것이 중요하다.

칭찬하는 능력과 지향성의 발견

롤 모델 사고법은 블로그를 작성하는 일과 흡사하다. 블로그의 어원은 웹 로그(＝웹 기록)이다. 인터넷상의 흥미로운 사이트에 링크를 걸어 두고 자신의 느낌을 올리는 것이 그 뿌리였다. 웹 사이트뿐 아니라 사람이나 책, 뉴스 등 각종 정보와의 만남 속에서 '흥미롭다'는 느낌을 갖는 것이 바로 롤 모델 사고법의 시작이다. '자신과 파장이 맞는 신호를 찾는' 일, 그 자체라고 할 수 있다. 블로그에 글을 올린다는 것은 롤 모델의 서랍을 채워 가는 일이다. 이것은 동시에 지향성이 나와 같은 사람들과 만날 가능성을 높여 준다. 그리고 인터넷상의 교류는 다시 롤 모델의 서랍을 채워 주는 선순환을 만들어 낸다.

젊은이들의 블로그를 읽으면서 느끼는 점은 그들이 '칭찬'에 서투르다는 것이다. 때로는 사소한 것을 꼬투리 잡거나 실수한 부분만 찾아내려는 사람도 있다. 그런 사람들을 보면 '참 할 일도 없다'는 생각이 든다. 꼬투리를 잡기보다는 칭찬에 더 많은 시간을 할애하길 바란다.

'칭찬하는 능력'은 어떤 대상의 좋은 면을 찾아내는 능력이기 때문이다.

미국에서는 초등학교 때부터 급우들이 쓴 글을 서로 평가하는 훈련을 한다. 그리고 선생님은 그 평가 방법을 지도한다. 예를 들면, '단순한 비판은 의미가 없다. 건설적인 표현을 해 보라.'라는 식이다. 상대방의 좋은 점을 발견하려고 노력하고, 좋은 점을 칭찬하고, 설령 비판한다 해도 건설적으로 표현하는 방법을 어린 시절부터 체계적으로 배우는 것이다. 이것은 인생을, 특히 거친 산길을 걸어가는 데 매우 중요하다.

일본에서는 그런 훈련을 별로 하지 않는다. '상대의 단점을 찾아내는 능력'을 가진 사람들이 사회에서 너무도 큰 발언권을 갖고 있기 때문에 자신도 모르는 사이에 기성세대의 영향을 받은 젊은이들의 사고 회로도 부정적으로 변해 버린 것이 아닐까.

문제는 그런 식으로 계속 사고하다 보면 피해가 자신에게 돌아온다는 것이다. 즉 비판 대상이 어느덧 남이 아닌 자신이 되고, '자신의 나쁜 점'만을 찾아내는 능력이 배양된다. 결국 '자신의 자기 평가'는 갈수록 악화되고, 결국 형편없는 자신만 남게 된다. 그러면 새로운 것에 도전하는 첫걸음을 내디딜 용기를 잃게 된다. 롤 모델 사고법을 통해 이 같은 악순환의 고리를 끊었으면 한다.

타인을 칭찬한다고 해서 틀에 박힌 미사여구를 늘어놓으라는 말이 아니다. '당신의 이 책, 혹은 이 정보의 이 부분은 내 생각과 비슷하다'는 식의 표현만으로 충분하다. 전향적으로, 진지하게 상대를 대하고 있다는 마음만 전해져도 그것이 바로 칭찬이 되는 것이다. 롤 모델 사고법을 실천하고 그 과정을 블로그에 기록하다 보면 자연히 칭찬하는 사고법이 몸에 배게 된다.

자신의 지향성을 탐색한다는 것은, 방대한 정보 속에서 '잡음'을 제거하고 자신과 파장이 맞는 신호를 찾아내는 일이다. 잡음을 비판하거나 꼬투리 잡는 데 낭비할 시간이 없다.

이 세상에는 '젊은이들의 롤 모델'이 될 만한 사람들이 넘쳐 흐르는데도 인터넷에서 그런 사람들에 관한 정보를 찾아내기는 쉽지 않다. 앞으로는 현실 세계에서 여유로워진 시니어 층이 인터넷 세계에서 보내는 시간이 늘어나면 그들이 총 표현사회의 중요한 일익을 담당할 것이라고 확신한다. 그런 시니어들에게 부디 자신의 '라이프 히스토리'를 인터넷상에 올려 줄 것을 부탁드린다. 시니어 층이 자신의 소중한 인생 경험을 소개함으로써 젊은이들의 롤 모델이 인터넷 세상에 넘쳐흐르게 해 달라는 것이다.

'퍼스널 카미오칸데'로 유효한 신호를 포착한다

고시바 마사토시는 소립자의 일종인 '뉴트리노(=중성 미자)'를 관측해 낸 공로로 노벨 물리학상을 수상한 사람이다. 그는 기후 (岐阜) 현 가미오카(神岡) 광산에 설치된 '카미오칸데'라는 거대한 실험 장치를 이용하여 뉴트리노를 관측했다.

> 광산 지하 깊숙한 곳에 설치된 카미오칸데는 높이 16미터, 직경이 15.6미터인 거대한 원통형 설비이다. 우리는 지하 1,000미터에 있는 이 거대한 구덩이에 3,000톤의 물을 채우고, 여러 개의 광전자 증배관(增倍管)을 설치하는 계획을 진행했다.
>
> —고시바 마사토시, 『하면 된다』 중에서

고시바 연구팀은 이렇게 상상을 초월하는 대규모 장치를 만든 후, 우주에서 날아오는 소립자인 뉴트리노를 포착하기 위해 하염없이 기다리며 관측을 계속했다. 그런 노력 끝에 '초신성 폭발'이라는 극히 드문 자연현상을 포착해 낸 것이다.

오늘날 우리들 한 사람 한 사람의 주위를 무한에 가까운 정보가 둘러싸고 있다. 그 정보 중에서 자신에게 유효한 신호를 찾아내려면 마음속에 '퍼스널 카미오칸데'를 준비해야 한다. 그리고 미약한 신호까지 잡아내겠다고 굳게 각오해야 한다. 나의 경우 젊은 시절의 독서가 바로 그런 역할을 했다.

역사상의 위인이 신호를 보내고 있다면, 그 인물이 발하는 신호를 현대에 맞게 재해석해야 한다. 과소평가된 인물이나 조직이 매력적인 신호를 발신하고 있다면, 100년 후 미래의 시각에

서 현대를 바라보면서 과소평가된 대상을 재정의해야 한다. 다른 분야 사람들이 보내는 신호는 자신의 분야에 맞게 변형해 본다. 독서를 통해 취득한 문제의식을 기준으로 의미를 흡수하면 되는 것이다. 나는 중요한 결단을 내릴 때면 반드시 여러 책이 나에게 어떤 신호를 보내고 있는지 곰곰이 생각했고, 때로는 책들을 다시 읽으며 인생을 개척해 왔다.

앞 장에서 거친 산길을 살아가는 비법 중 하나로 '직접 몸으로 부딪치는' 삶을 제안했다. 몸으로 부딪치는 삶은 자신의 지향성을 발견하는 데에도 중요하다. 그리고 이에 웹 진화와 저가 혁명이 주는 혜택은 이루 말할 수 없이 크다. 전략적으로 인터넷과 현실 세계를 결합하고 총동원할 수 있다면 그 결실도 클 것이다. 책에 관한 한 구글 북서치와 아마존의 '내용 검색'은 모든 사람에게 공짜로 '퍼스널 카미오칸데'를 마련해 준다.

롤 모델이 될 만한 인물을 직접 만나 가르침을 받는다면 그보다 더한 행운은 없을 것이다. 그러나 그런 행운은 물리적 제약 때문에 불가능한 경우가 많다. '나가시 소멘'형 정보 처리 능력을 활용해 '또 하나의 지구'에서 방대한 정보를 정열적으로 소비하며 매력적인 지향성 신호를 찾아내면 된다. 또 하나의 지구는 누구에게나 열린 무상의 '퍼스널 카미오칸데'이다. 거기서 자신에게 맞는 신호를 긁어모아 롤 모델의 서랍을 채워 가야 한다.

언젠가는 반드시 행복해지리라

못 견디게 좋아하는 것을 지향성이라고 한다. 그 지향성을 찾아내어 발전시키고 키워 나가려면 어떻게 해야 할까. 이것은 결코 간단한 문제가 아니다. 결론적으로 말하자면 전략성과 근면에 의존하는 길밖에 없다.

우선 자신의 지향성에 정직해지고, 좋아하는 것을 발견하기 위해 부단히 노력하며, 좋아하는 것들의 조합을 발견해야 한다. 창조적 조합을 발견해 낸다면 생존 확률은 높아진다. 다소 번거롭더라도 꾸준히 계속하는 '근면성', 번거로움을 번거로움으로 여기지 않는 '지속력'이 그 열쇠이다.

나 역시 갖은 고생 끝에 거친 산길에서 살아남을 수 있었다. 과거를 돌아보면 '좋아하는 일을 계속하고 싶다는 집념이 만들어 낸 근면' 이외에는 떠오르는 것이 없다. 묵묵히, 정성스럽게, 세세히, 하나하나 쌓아 올리며 삶을 살아온 것이 전부다.

롤 모델 사고법은 나의 방식에서 핵심을 뽑아 정리한 것인데, 이것은 행동이 따라 주지 않으면 아무런 가치도 낳지 못하는 실학(實學)이다. 그래서 이번 장을 마치면서 나는 '실행'이라는 관점에서 세 가지 조언을 하려 한다.

첫째, 지향성의 신호를 발견해 냈다면 시간 사용의 우선순위를 바꾸고, '이것이 내 인생 최대의 승부다!'라는 각오로 좋아하는 일에 푹 빠져야 한다. 환경을 바꾸기에 앞서 시간 사용의 우선순위를 먼저 조정해야 한다. 의식적으로 우선순위를 바꾼다는 것은 '또 다른 자신'을 구축하는 일과 다름없다.

둘째, 시간 사용의 우선순위 변경과 관련해 한 가지 중요한 것이 있는데, 바로 '중단해야 할 일'을 선택하는 것이다. 그것도 자신에게 상당히 중요한 무언가를 중단해야 한다. 새해를 맞으면 사람들은 '올해의 목표'를 세운다. 대다수가 이것을 실현하지 못하는 이유는 그만두어야 할 일을 정하지 않은 채 바쁜 일상 속

에서 목표를 재촉하기 때문이다. 우리의 바쁜 일상 속에서 자신에게 부여된 시간이라는 자산은 소중하고도 유한한 존재이다. 정신론만으로는 새로운 일을 달성할 수 없다.

셋째, '성취하고자 하는 자신의 모습'과 '성취 가능한 자신'을 구분해 현실적으로 대처해야 한다는 것이다. 좋아하는 일을 지속한다는 것은 장기전에 속한다. 성취하고자 하는 자신이 하루아침에 실현되지는 않기 때문이다. 그래서 단기적으로 실현 가능한 자신을 하나씩 쌓아 나가야 하는 것이다. 항상 시간 사용의 우선순위를 의식하고 롤 모델 서랍의 내용물을 늘려 나가면서 장기간에 걸쳐 묵묵히 끈기 있는 삶을 살아야 한다.

현실 세계는, 좋아하는 분야에서 뭔가를 이뤄 내겠다는 우리의 장대한 목표에 종종 제동을 건다. 그래서 원치 않는 직장에 취직하는 등 목표에서 다소 벗어나게 되는 경우도 있다. 설사 불가피하게 그런 결정을 내렸더라도 목표와 이상을 잊어서는 안 된다. '끝나 버렸다'고 포기해서도 안 된다. 비록 육체는 월급이 나오는 현실 세계의 조직에 속해 있더라도 지향성 공동체에 참가해 꿈을 이루고야 말겠다는 각오를 잊지 않아야 한다. 이제 그런 삶은 웹 진화 덕분에 가능해졌다. 자신의 직감을 갈고닦으며, 포기하지 않고 자신의 지향성을 계속 탐구해 가는 현명함을 가져야 한다.

살다 보면 일이 잘 풀리지 않을 때가 있다. 그럴 때는 '언젠가는 반드시 행복해지리라'고 굳게 마음먹어야 한다. 그것이 꿈을 방해하는 현실에 대한 최고의 복수다.

행복이란 복잡한 것이 아니다. '언젠가는 내가 좋아하는 일에 몰두하며 살아갈 수 있을 것'이라고 생각하는 것이 행복의 비결이다. 현실의 어려움을 긍정적인 에너지로 전환하며, 하고 싶어 못 견디는 일을 반드시 하고야 말겠다는 마음가짐으로 장기전을 펼치길 바란다.

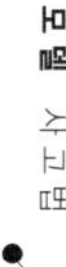

5장

인터넷 공간의 지적 풍요

이제 돈이 별로 없는 빈손일지라도 충실한 지적 생활을 할 수 있는 길이 열리고 있다. 가치 있는 책을 서가에 보유하는 일의 의미는 앞으로도 사라지지 않을 것이다. 그러나 알렉산드리아 도서관이 추구했던 이상처럼 인터넷상의 만능 도서관이 지구인 모두를 향해 무상으로 열리면 책을 소장하는 가치도 상대적으로 줄어든다. 앞으로는 충실한 지적 생활을 위해 투자하는 '시간'이야말로 희소 자원이 될 것이다. 10년 후에는 지적 생활을 위한 최고의 환경이 인터넷에 완성되어 있을 것이 분명하다. 완벽한 개인 서재를 갖추는 '서가 구축'이 아니라, 모두에게 열린 최고의 환경을 누가 가장 잘 활용하느냐가 의미를 갖게 된다. 어떻게 해야 인터넷 도서관을 가장 적절히 활용할 수 있느냐로 지적 생활의 중심이 옮겨 갈 것이다. 그리고 지적 생활에 아낌없이 시간을 투자할 수 있느냐에 가장 큰 의미를 두게 될 것이다.

'지적 생산'의 새로운 지평이 열리다

우리들은 지금 '지식의 황금시대'를 살고 있다. 지적 생활을 추구하는 사람들에게는 너무도 멋진 환경이 인터넷상에 매일매일 만들어지고 있다. 이번 장에서는 웹 진화가 가져다주는 지적 생산의 새로운 지평을 살펴볼 것이다.

'지적 생산'이라는 단어가 일반화된 것은, 1969년에 출판된 뒤 지금도 독자가 꾸준한 우메사오 다다오(梅棹忠夫)의 명저『지적 생산의 기술』(岩波新書)이 그 계기가 되었을 것이다. 출간된 지 40년 가까이 지났지만 오늘날에도 여전히 의미를 지니는 이 책을 통해, 지적 생산의 정의 및 오늘날 지적 생산이 갖는 광활한 가능성을 살펴보고자 한다.

한 개인이 조사하고, 읽고, 생각하고, 발견하며, 새로운 정보를 창출하는 행위. 그리고 이를 타인이 알 수 있는 형태로 표현하고 전달하는 행위.

우메사오는 이러한 일련의 행위를 '지적 생산'이라는 단어에 담았다. 아무리 머리가 좋고 기억력이 좋아도 생산이 동반되지 않으면 의미가 없다는 말이다. 독서라는 고도의 지적 행위도 결과물(=Output)이 없으면 지적 소비에 불과하며, 지적 생산은 아니라고 그는 단언한다.

우메사오는 수첩, 노트, 카드, 스크랩, 파일 캐비닛 등의 '정리하는 도구'와 함께, '기록하는 도구'로서의 타자기의 가능성에 주목했다. 또, 성과물을 전달하는 대상에 따라 편지(특정 개인에게), 일기와 기록(자신이라는 또 하나의 타인에게), 원고(일반에게)로 나누어 논리를 전개했다. 그리고 "지적 생산의 성과란 바로 기록하는 것"이라고 강조했다.

웹 진화에 의한 현대의 지적 생산은 다음의 일곱 가지 점에서 우메사오 시대의 지적 생산으로부터 크게 진화했으며 새로운 지평을 열었다.

❶ 조사하고 읽고 생각할 대상이 인터넷상에 무상으로 거의 무한에 가깝도록 넘쳐흐르고 있으며 그 내용도 시간이 흐를수록 더욱 충실해진다.

❷ 지적 생산 도구(정리 도구, 기록 도구)의 비약적 진화와 클라우드 컴퓨팅의 발달에 의해 '사전 준비가 필요 없는 지적 환경'이 제공되고 있다. 또한 지적 생산의 가능성이 모든 사람에게 확대되어 간다.

❸ 지적 생산의 성과(기록한 것)를 누구라도 자유롭게 세계를 향해 공개(발표)하고 사람들과 공유할 수 있게 되었다.

❹ 지적 생산의 성과를 공개하고 공유함으로써 지식의 지향성을 같이하는 사람들과 교류하게 된다. 지식을 둘러싸고 대화가 자유롭게 이뤄지는 새로운 환경이 만들어지고, 이를 통해 개인이 성장할 수 있는 가능성이 열렸다.

❺ 지적 생산의 성과를 인터넷상에 공개하는 도구(그 초기 형태로 블로그를 들 수 있다)를 얻었고, 그 도구는 개인의 신용 창조 장치로서 기능한다. 개인이 조직에 의존하지 않더라도 지적 생산의 성과를 활용해 생계를 꾸려 나갈 수 있는 길이 열렸다.

❻ 지적 생산 활동의 과정이 공개됨으로써 인터넷 공간이 지적으로 풍요로워지며, 그 자체가 사회 공헌 활동이 된다. 즉 교육 효과를 낳는다.

❼ 뇌라는 물리적 제약 속에 갇혀 있던 개인의 경험과 사고가 타인들과 느슨한 형태로 연결되기 시작함으로써 '대중의 지혜'라는 새로운 영역이 탄생했다.

지구 상의 모든 강의와 강연을 실시간으로 공유하는 시대

2007년 5월 애플은 'iTunes U' 서비스를 시작했다. 스탠퍼드 대학과 캘리포니아 대학 버클리 캠퍼스, MIT 등 미국 대학들의 강의(음성, 비디오)를 무료로 전송하는 서비스다. 애플은 'iTunes'와 'iPod'를 조합하여 음악과 관련된 플랫폼을 확보한 바 있는데, 그것과 같은 구조를 사용하여 해당 대학 학생이 아니더라도 누구나 미국의 정상급 대학 수업을 'iPod'로 다운받아 언제 어디서나 청강할 수 있게 된 것이다. 이 '강의 도서관'은 앞으로 5~10년 안에 더욱 충실해질 것이다.

대학 강의 내용을 인터넷상에서 일반에게 무료로 공개한다는 사고방식은 MIT가 '오픈코스웨어'라는 획기적인 구상을 통해 5년 전 처음 시작한 것이다(『웹 진화론』, 제5장). MIT는 그 구상에 공감한 휼렛(Hewlett) 재단과 멜론(Mellon) 재단 등에서 엄청난 자금을 끌어 와 시스템을 구축했고 모든 강의를 공개하는 작업을 진행 중이다. 나름대로 의미 있는 프로젝트라고 할 수 있다. 하지만 시작한 지 5년이 지나는 동안 여건상 크게 변화한 것이 두 가지 있다.

첫째, 구글(유튜브, 구글 비디오)과 애플(iTunes)이 무료로 음성과 영상을 전송하는 구조를 플랫폼으로 구축함에 따라 누구나 그것을 이용할 수 있도록 개방되었다.

둘째, 정보 기기의 저가 혁명에 따라 음성을 녹음하는 IC 리코더나 영상을 촬영하는 디지털 비디오카메라가 생활필수품으로 자리 잡았다. 그리고 이로 인해 강의실에 50명 정도의 학생이 있다면, 그중 누군가는 이러한 기기를 지녔을 확률이 매우 높아졌다. 따라서 교수가 학생들에게 "강의 내용을 촬영해서 인터넷에 올려 주지 않겠냐"고 부탁만 하면 학생들이 자신의 기기로 곧바로 수록해서 iTunes U와 같은 플랫폼을 통해 공짜로 공개할 수 있게 된 것이다. 세계의 모든 대학이 강의를 공개하겠다고 마음만 먹는다면 MIT처럼 막대한 비용을 투자하지 않더라도 순식간에 강의 내용을 인터넷에 올릴 수 있는 인프라가 갖춰졌다고 할 수 있다. 학교뿐 아니라 기업들까지도 이러한 인프라를 자유롭게 사용하며 사회에 공헌할 수 있게 되었다.

플랫폼의 힘은 엄청나다. 개개의 조직이 어떤 사업을 주도할 때 들어가는 비용과 목표의 달성 속도는 대개 비슷비슷하다. 반면 모든 사람이 자유롭게 참여할 수 있는 플랫폼이 마련되면 진화의 속도는 획기적으로 빨라진다. 세계의 모든 수업과 강의, 강연이 리얼타임으로 전 세계 사람들에게 공개되는 일이 머지않은 미래에 현실로 나타날 것이다.

구글 북 서치 프로젝트

구글의 CEO 에릭 슈미트는 'Imagine(상상해 보라)'이라는 단어를 거듭거듭 써 가며 '구글 북 서치' 프로젝트의 의의를 강조했다.

> 컴퓨터로, 1초 이내에, 역사가 시작된 이래 출판된 모든 책의 전문(全文)을 검색하는 당신의 모습을 상상해 보라. 역사가들이 '알제리 전쟁'에 대해 언급한 책을 모조리, 너무나도 손쉽게 검색하는 상황을 상상해 보라. 방글라데시의 고교생이 미국 미시간 주 앤아버(Ann Arbor) 시 도서관에만 소장된 절판 도서를 발견하는 모습을 상상해 보라. 누구나, 어디서나, 언제라도 키보드를 두드리기만 하면 세계의 모든 책을 발견할 수 있는 '거대한 전자 카드 카탈로그'를 상상해 보라.
>
> —『월 스트리트 저널』, 2005년 10월 18일자

구글은 그간 발견한 모든 웹 사이트 정보를 자사 컴퓨터 시스템에 복사함으로써 검색 엔진을 완성해 나가는 작업을 끊임없이 계속하고 있다. 이렇게 하지 않으면 제대로 된 색인 작성이 불가능하며, 제대로 된 검색 엔진을 만들 수 없기 때문이다. 서적에 대해서도 그들은 마찬가지 자세로 접근하고 있다. '인류의 과거 예지'라고 할 수 있는 서적을 모조리 복사해 거대한 '서적 검색 엔진'을 만들려는 것이다.

서적 검색 엔진이 인터넷 검색 엔진과 크게 다른 점은 두 가지다.

첫째, 정보를 복사하는 작업이 상당히 번거롭고, 비용이 많이 든다는 점이다. 일반 검색 엔진이 대상으로 하는 웹 사이트는 그 사이트를 발견한 시점에 이미 '전자화'되어 있다. 그래서 순식간에 복사해 자동으로 입력할 수 있다. 그러나 책은 한 페이지

한 페이지를 스캐너로 읽어야 한다. 막대한 비용이 드는 번거로운 작업이라고 하지 않을 수 없다.

둘째, 일반 검색 엔진은 인터넷에 공개된 정보를 복사하는 것임에 비해, 서적 검색 엔진의 대상은 저작권자가 존재하는 책이라는 점이다. 물론 누구에게나 무료로 공개되는 '퍼블릭 도메인(공공재)' 서적도 있지만, 대부분은 그렇지 않다. 따라서 복사 과정에서 복잡한 권리 문제가 발생하게 된다.

구글은 그들의 취지에 공감한 하버드 대학, 스탠퍼드 대학, 미시간 대학, 옥스퍼드 대학의 도서관과 뉴욕 공공 도서관 등과 손을 잡고 2004년부터 이러한 비전을 실현하는 프로젝트를 시작했다. 그 후 캘리포니아 대학과 텍사스 대학, 프린스턴 대학, 마드리드 국립대학 등의 도서관도 동참했다. 이 프로젝트는 미국 출판사 협회로부터 저작권 침해 소송을 당하면서도 계속 진행되고 있으며, 이미 100만 권을 스캔해서 저장했다는 이야기도 나오고 있다. 2007년 일본에서는 사립 명문인 게이오(慶應) 대학 도서관이 처음으로 프로젝트에 참가한다고 발표했다.

구글은 "서적 검색 엔진은 서적 발견을 도와주는 도구에 불과하다"고 주장한다. 그리고 자신들은 그것을 실현하기 위해 책 내용을 복사하고 있으며, 그러한 행위는 저작권법이 규정한 '공정 사용'의 범위를 벗어나지 않는다고 강조한다.

구글만이 '인류의 과거 예지를 인터넷에 정리하는 작업'을 시도한 것은 아니다. 아마존은 구글과는 달리 상업적인 서적 판매자라는 입장에 서서 '비교적 새로운 책(고서를 포함해 유통 가능한 책)'을 시스템에 입력해 그 내용을 검색할 수 있도록 했다. 마이크로소프트 역시 구글에 대항해 대영 도서관, 코넬 대학 도서관과 손잡고 유사한 활동을 시작했다.

여기서 생각하지 않을 수 없는 것이, 책을 입력하는 데 들어가는 비용 문제이다. 비용에 관해서는 모두들 입을 다물고 있기 때문에 대략 추정할 수밖에 없다. 책을 분해해서 스캔한 뒤 버려도 되는 신간 서적의 경우, 인건비를 포함해 권당 5달러 전후가 든다고 한다(아마존 방식). 또 도서관에서 빌린 책을 조심스럽게 스캔한 뒤 반환하는 경우에는 권당 100달러까지 든다는 추산이 있다. 마이크로소프트가 대영 도서관의 책 10만 권을 스캔하는 데에 250만 달러의 예산을 책정한 것으로 보아 한 권당 25달러 정도가 들 것이라고 추측하는 사람도 있다. 하여간 도서관의 책을 스캔해서 입력하는 경우, 거기에 드는 평균 비용은 최소한으로 잡아도 권당 20달러 가까이 된다. 따라서 구글이 100만 권을 스캔할 경우 200억 원 이상이 든다는 얘기다. 200억 원이라는 돈은 도서관의 입장에서 보면 막대한 돈이지만, 구글이나 마이크로소프트 같은 빅 비즈니스 입장에서는 그리 큰돈이 아니다.

'인류의 과거 예지'의 대상으로 정리해야 할 서적은 수천만 권에 이른다. 그것들을 모두 스캔하는 것은 약 1조 원 규모의 프로젝트이다. 서적 내용을 저장하는 비용은 무시해도 좋다. 구글의 경우 저장 비용은, 막대한 이익을 올리고 있는 검색 연동 광고 사업을 가동하기 위해 투자하는 인프라의 일부라고 생각할 수 있기 때문이다. '10년간 1조 원 규모의 프로젝트'라면 구글이나 마이크로소프트 입장에서는 충분히 현실성 있는 프로젝트이다.

미국 『와이어』지 창간 편집장 케빈 켈리는 미국 『뉴욕 타임스 매거진』(2006년 5월 14일)에 기고한 "Scan This Book!"이라는 글을 통해 "웹의 폭발적인 성장이 인류로 하여금 다시 불가능에

도전하도록 독려하고 있다.”며 이 프로젝트들에 찬사를 보냈다. 그가 사용한 ‘불가능’이란 표현은, 기원전 4세기경에 지어진 이집트 알렉산드리아 도서관이 세상에 존재하는 모든 언어로 작성된 모든 책을 한곳에 모으려고 했던 ‘만능 도서관 구상’을 말한다.

구조가 제대로 갖춰지기만 한다면, 스캔된 수천만 권의 책을 둘러싸고 인터넷의 ‘대중의 지혜’가 자유롭게 활동을 시작하여 모든 책들 간의 감춰졌던 관계가 발견되고 내용 추가, 해설, 재구성 등으로 엄청난 부가 가치가 생겨날 가능성이 열린다. 적어도 영어권에서는 그런 미래가 10년 또는 20년 뒤, 즉 현재 초등학교나 중학교에 다니는 학생이 사회인이 될 무렵 현실로 나타날 것이다.

빈손의 지적 생활

대학 강의가 무상으로 공개되고 과거에 씌어진 모든 책에 대해 자유롭게 접근할 수 있는 세상을 이야기하다 보니, ‘조사하고 읽고 생각할’ 대상이 인터넷에 무상으로 넘쳐흐르는 미래가 상상된다. 그것은 우리들에게 ‘빈손(empty-handed)의 지적 생활’이라는 멋진 자유가 부여되는 세상이다.

‘맨손’에는 두 가지 의미가 있다.

하나는 말 그대로 아무런 도구 없이 ‘빈손’으로 다녀도 정보에 접근할 수 있게 됨을 의미한다. 여행을 떠날 때도 몇 권의 책과 주머니에 들어갈 정도로 작은 메모장과 필기도구만 있으면 된다. 인터넷 정보는 여행지에서 컴퓨터를 빌려 검색하면 된다.

아주 가벼운 차림으로도 충실한 '공짜 지적 생활'을 즐길 수 있게 되는 것이다.

나는 지적 생활에 필요한 정보를 인터넷의 '저쪽 편'에 저장해 놓고 있다. 저쪽 편이란 자신의 컴퓨터(이쪽 편) 단말기가 아니라 인터넷 공간을 의미한다. 저쪽 편이라고 해서 블로그처럼 일반에게 널리 공개되는 것만 있는 것은 아니다. 참가 자격을 제한하는, 개인만의 지적 생산 공간을 자유롭게 만들 수도 있다(나는 '하테나 그룹'이라는 그룹웹을 비공개 모드로 사용하고 있다).

예를 들어 고객 기업 α를 위한 그룹(참가자는 컨설턴트 A와 엔지니어 B), 고객 기업 β를 위한 그룹(컨설턴트 C, D와 고객 기업 담당자 E), 이 책을 제작하기 위한 그룹(담당 편집자 F와 젊은 친구 G), 월간지 연재를 위한 그룹(담당 편집자 H와 젊은 편집자 I, J, K), 『퓨처리스트 선언』(지쿠마 신서)에 대한 반응을 공유하기 위한 그룹(담당 편집자 L, M과 광고 담당자 N, 공저자 모기 겐이치로茂木健一郎), (주)하테나의 모든 것이 기재되고 공유되는 그룹(사원 전원), 아이디어 단계의 구상을 기록하기 위한 그룹(참가자는 나 혼자)……. 이처럼 나는 지적 활동을 테마별로 분류해 '저쪽 편'에 다양한 사적 공간을 만들어 놓았다(이 중 활발하게 운영되는 것은 15개 정도이다).

참가자는 일본에 사는 사람도 있고 실리콘밸리 거주자도 있으며 여행 중인 사람도, 뉴욕 거주자도 있다. 이를 그룹웨어라고 한다. 구조는 간단하다. 참가자들이 각자 주도하는 블로그 공간과, 위키피디아처럼 참가자가 공동으로 문서를 편집할 수 있는 공간 등 두 가지로만 구성되어 있다.

신문이나 잡지 기사처럼 인터넷상에 영원히 남지 않을 수도

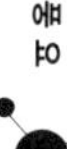

있는 글은 전문을 복사해 테마별로 저장해 놓는다. 이 경우 자신만의 공간에 복사하는 것이므로 저작권 문제는 발생하지 않는다. 나는 『웹 진화론』이나 이 책도 인터넷상에 마련된 그룹웨어로 원고를 썼고, 담당 편집자와 리얼타임으로 집필의 모든 과정을 공유했다.

특정 프로젝트에 대해 의견을 듣고 싶다면 해당 그룹의 블로그에 내용을 올린다. 동료들은 규칙상 반드시 이 공간을 방문해야 하기 때문에, 그룹 참가자는 내 제안을 보고 의견을 제시하게 된다. 업무가 이런 식으로 진행되는 것이다.

하루를 시작하면서 대략 5개 그룹의 업무를 보면 3시간 정도가 흐른다. 과거에는 정보 전달에 시간이 걸리기 때문에 5개 그룹의 업무를 보는 데 며칠씩 걸렸지만, 지금은 3시간이면 충분하다.

이러한 지적 생산 활동의 전 과정은 용량이 무한대인 '저쪽 편'의 사적 공간에 남으며, 그 내용을 언제라도 검색할 수 있으므로 매우 편리하다. 2년째 이런 식으로 일을 하고 있기 때문에 지적 생활에 필요한 정보를 자연스럽게 '저쪽 편'에 축적하고 있는 셈이다.

이것은 '클라우드 컴퓨팅'의 흐름이 가속되면 현실화될 지적 생산 방법의 모습이기도 하다. 지적 생산 과정을 저쪽 편에 공개하는 방식은 이번 장 뒷부분에서 좀 더 구체적으로 설명할 예정이다. 이런 방식으로 일을 처리하다 보면 지적 생활과 관련된 정보가 대부분 저쪽 편으로 이행되어 버리므로, 정보 생활에 준비가 그다지 필요 없는 '맨손 생활'이라는 느낌이 강해진다.

'빈손'의 또 다른 의미는 '지적 생활과 자산의 관계'와 관련된 것이다. 1976년에 나온 베스트셀러 『지적 생활의 방법』(와타나베 쇼이치 지음)은 '살기 위해 물을 마시듯' 읽었던 최초의 책이다. 다른 사람들은 이 책을 어떻게 받아들였는지 모르지만, 당시 고등학생이었던 나는 큰 충격을 받았다. '지적 생활을 하려면 돈이 든다. 돈을 많이 벌지 못하면 만족스러운 지적 생활을 할 수 없다.'라는 생각이 뇌리에 박혔다.

와타나베는 장서를 보유해야 하는 이유를 다음과 같이 설명했다.

지적 생활이란 끊임없이 책을 구매하는 행위이다. 따라서 책을 보관할 장소를 확보하는 것은 지적 생활의 중요한 부분이다. 이것은 공간과의 전쟁이다. 장소를 확보하지 못한 패자는 지적 생활에서도 패자가 될 수밖에 없다. 패자라는 단어가 지나치다면 표현을 '지적 생활에 중대한 지장을 주는 것'이라고 바꾸어도 좋을 것이다.

와타나베는 2차 대전 당시 장서를 모조리 처분해 버린 저명한 외국 문학가를 격렬히 규탄하면서 글의 상당 부분을 '책을 사는 것'과 '책을 보관하는 공간'에 대해 언급하는 데에 할애했다.

나는 책을 계속 사 왔다. 또 책을 사는 것과 지적 생활은 깊은 관계에 있다는 와타나베의 주장에 공감해 왔다. 그러나 웹 진화의 도도한 흐름이 그런 상황을 바꾸어 놓고 있다. 이제 돈이 별로 없는 빈손일지라도 충실한 지적 생활을 할 수 있는 길이 열리

고 있다.

　가치 있는 책을 서가에 보유하는 일의 의미는 앞으로도 사라지지 않을 것이다. 그러나 알렉산드리아 도서관이 추구했던 이상처럼 인터넷상의 만능 도서관이 지구인 모두를 향해 무상으로 열리면 책을 소장하는 가치도 상대적으로 줄어든다. 앞으로는 충실한 지적 생활을 위해 투자하는 '시간'이야말로 희소 자원이 될 것이다. 10년 후에는 지적 생활을 위한 최고의 환경이 인터넷에 완성되어 있을 것이 분명하다. 완벽한 개인 서재를 갖추는 '서가 구축'이 아니라, 모두에게 열린 최고의 환경을 누가 가장 잘 활용하느냐가 의미를 갖게 된다. 어떻게 해야 인터넷 도서관을 가장 적절히 활용할 수 있느냐로 지적 생활의 중심이 옮겨 갈 것이다. 그리고 지적 생활에 아낌없이 시간을 투자할 수 있느냐에 가장 큰 의미를 두게 될 것이다.

타인의 뇌와 교류한다

'인터넷의 본질은 지혜를 맡기면 이자를 붙여 돌려주는 은행이라는 것이다.'

　(주)하테나의 창업자인 곤도 준야(近藤淳也)가 입버릇처럼 하던 말이다. 저서 『이상한 회사를 만드는 법(へんな會社のつくり方)』의 서문에서 그는 이렇게 말했다.

　"하테나 사이트를 운영하면서 '이러이러한 문제가 발생하고 있는데, 이런 식으로 처리할 생각입니다'라고 올리면 사용자들로부터 '문제의 본질은 그것이 아니라 다른 부분에 있습니다', '그런 방법은 사용자 일부만을 만족시킬 것입니다' 등등의 지적을 많이 받습니다. 사이트에 올라온 내용 중에는 눈이 번쩍 뜨일 정도로 신선한 의견도 있습니다. 그 덕분에 큰 문제를 해결한 적도 있습니다. 이런 경험을 반복하다 보면, 인터넷은 지혜를 맡기면 이자를 붙여 돌려주는 은행 같다는 생각이 듭니다."

나도 2003년부터 본격적으로 블로그를 시작했고, 곤도의 주장을 실감하고 있다. 제3장에서 소개했던 고속도로론의 발전 과정을 예로 들어 보자.

장기의 명인인 하부의 '학습의 고속도로와 대정체'를 최초로 블로그에 소개한 것이 2004년 말의 일이다. 하루는 알고 지내던 편집자와 함께 하부 씨와 식사를 하게 되었는데 거기서, 다시 말해 식사 자리라는 현실 세계의 '폐쇄 공간'에서 고속도로론이 나온 것이다. 나는 신선한 충격과 함께 지적 자극을 받았다. 실리콘밸리로 돌아가서도 그 감동이 사라지지 않았다. 하부의 지혜를 '폐쇄 공간'에서 해방시키고 싶었다. 그것을 인터넷에 공개함으로써 더 많은 사람들과 공유하고 싶었다.

나는 하부의 허락을 얻어 낸 뒤, '인터넷의 보급이 가져다준 학습의 고속도로와 대정체'라는 제목으로 블로그에 글을 올렸다. 50개 이상의 댓글이 붙었다. 지혜를 맡기면 이자를 붙여서 돌려준다는 차원을 넘어서, 맡긴 뇌가 팽창해서 돌아오는 느낌을 받았다. 나는 다시 '고속도로를 피해서 살아갈 수 있을까'라는 글을 블로그에 올리면서 첫 번째 글에 대한 독자들의 의견도 정리해서 함께 공개했다(http://d.hatena.ne.jp/umedamochio/20041223/p2).

연재물을 올리던 『포사이트』지에는 2회에 걸쳐 일반 독자를 겨냥한 글을 게재했다. 또 그 내용을 정리해 『웹 진화론』 제6장

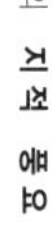

앞부분에 담았다. 『웹 진화론』에 대한 인터넷의 반응과 그에 대한 나의 판단은 이 책에 실었다.

거친 산길에서는 자신이 흥미 있어 하는 내용을 상대방이 이해하기 쉽도록 만들어 커뮤니케이션하는 능력이 중요하다. 거친 산길은 자신이 좋아하는 데다 능력을 발휘할 수 있는 영역을 조합해서 살아가는 세계다. 따라서 '당신이 하고 있는 일은 무엇이냐'라는 질문을 받았을 때 상대방에게 제대로 설명할 수 없다면 가치가 창출되지 않는다. 좀 더 큰 목표로 연결되지도 않는다. 구조화 능력과 커뮤니케이션 능력은 공개적인 지적 생산 과정에서 연마할 수 있다고 생각한다.

나는 이런 일련의 지적 생산 성과와 더불어, 오픈 프로세스에서 연속적으로 발생하는 지적 흥분에 더 큰 감동이 느껴졌다. 새롭고 역동적인 지식 창조 프로세스를 경험했기 때문이다. 그것은 자신의 뇌를 인터넷에 맡기고 타인의 뇌와 교류함으로써 얻어지는 지적 흥분이다. 다만 새로운 가능성을 추구하려면 다음과 같은 세 가지의 발상 전환이 필요하다.

첫째, 인터넷의 불특정 다수를 신뢰할 것. 이것은 웹 진화에 적응하면서 전혀 새로운 지적 생산의 길을 걷기 위한 절대 조건이다.

둘째, 마음을 폐쇄에서 개방으로 전환할 것. 필자의 경우, 장기의 명인 하부에게 아이디어 공개를 요청하는 메일을 보낼 때 많이 망설였다. 하부의 아이디어는 폐쇄 공간의 좌담 자리에서 나온 얘기였기 때문에, 그 내용을 공개하고 싶다고 메일을 보내는 행위 자체가 어렵게 쌓아 올린 그와의 신뢰 관계를 무너뜨리는 것은 아닐지 걱정되었던 것이다. 블로그의 잠재력을 실감하지 못했다면 아마도 하부에게 그런 메일을 보내지 못했을 것이다. 그리고 고속도로론 역시 그저 폐쇄 공간에서 오간 대화로 남았을 것이다. 그러나 그에게 공개를 요청했을 때 마음 자세가 폐쇄 공간에서 열린 공간으로 전환됐고, 그 결과 새로운 경험이 연쇄적으로 일어났다.

셋째는 '희소성에 대한 집착에서의 탈피'이다. 무제한의 정보가 인터넷상에 넘쳐흐르게 되면서 "정보 자체보다는 정보에 대한 관심이 희소성을 갖는다."라고들 한다. 하지만 이 문제를 실감할 수 있는 사람은 적다고 본다. 예를 들어 '인터넷에 글을 올리지 않고 잡지에만 기고하는 것이 좋지 않을까?' 혹은 '잡지에도 글을 보내지 않고 출판될 책에만 쓰는 편이 좋지 않을까?' 등등 마음에 갈등이 생기는 경우가 있다. 이것이 바로 '희소성에 대한 집착'이다. 정보의 가치를 높이고 지키겠다는 사고방식이다.

"정보를 공개해 인터넷에 맡기고, '이자'처럼 돌아오는 (독자들의) 관심을 얻는다. 그 이자를 구조화하여 생겨난 새로운 지식을 다시 인터넷에 맡긴다."

이런 과정을 반복하는 것이 바로 독특하고도 새로운 지적 생산 방식이다.

'미래의 오픈소스 도구'의 필요성

제2장에서 나는 훌륭한 리더가 이끌어 주기만 한다면 지향성 공동체인 '섬 우주'를 멋진 공간으로 발전시킬 수 있다고 이야기했다. 그러나 아직 완성도가 떨어지는 블로그 등의 도구만으로 그런 사회를 구축하기는 어렵다. '지향성 공동체', 즉 모든 사람이 자신이 못 견디게 좋아하는 일에 매진할 수 있는 사회를 실현

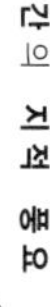

하기 위해서는 '문과계 오픈소스 도구'가 필요하다.

오픈소스 프로젝트에서는 커뮤니티의 성과물이 소프트웨어다. 커뮤니티에는 소프트웨어를 만들기 위한 다양한 도구(공동 개발을 위한 도구)가 갖춰져 있다. 커뮤니티의 성과물이 '구조화된 지식(문장·음성·영상 등)' 또는 작품일 경우에는 이를 공동 발전시킬 문과계 오픈소스 도구가 있어야 한다. 구체적으로는 다음과 같은 것들을 실현할 수 있는 도구여야 한다.

❶ 위키피디아의 경우, 리더 지미 웨일스의 역할은 '장소 매니지먼트'이다. 콘텐츠는 누구나 자유롭게 편집할 수 있기 때문에 리더가 콘텐츠 내용에 책임을 지지 않는 것이다. 그러나 전문 영역에 해당하는 '지향성 공동체'를 만들 경우에는 그 리더의 역할이 오픈소스 프로젝트와 유사하기 때문에, 콘텐츠 내용에도 책임을 진다.

❷ 리더는 '블로그를 작성하는 것' 이상의 열의를 발휘해 특정 테마에 관한 커뮤니티를 만든다. 그 커뮤니티에는 지향성이 같은 사람들이 모여들며, 리더뿐 아니라 단골들 역시 테마에 관해 지적 공헌을 한다. 그 결과 수많은 예지가 결집되고 최종적으로는 학습 교재로 발전해 간다.

❸ 리더와 커뮤니티 단골, 열성적인 독자들에게 커뮤니티는 동아리방 같은 존재다. 리얼타임으로 언제든, 무엇이든 이야기 나눌 수 있는 공간이다. 예를 들어 'Lingr'라는 차트 서비스를 사용해 2007년 2월과 3월에 실시한 '150명 동시 채팅(http://d.hatena.ne.jp/usukey/20070317/1174131749)' 같은 인터넷 집회도 수시로 할 수 있다.

❹ 블로그, SNS, 위키 같은 공동 문서 작성 도구와 차트 서비스 등을 잘 융합하면 커뮤니티 도구로서의 역할을 멋지게 할 수 있을 것이다. 이들을 능숙하게 구사해서 학습, 교육, 연구, 사회 공헌 의식을 적극적으로 공유하는 창조적 버추얼 커뮤니티를 창출한다. 물론 그 중심에는 리더가 있다.

❺ 소프트웨어의 오픈소스 세계에서는 계급이 실력에 의해 바로 결정된다. 테크놀로지 분야의 특성 때문이다. 이로 인해 수준이 떨어지는 사람은 참여하기가 어렵고, 그것이 바로 성공의 배경이기도 하다. 하지만 '문과계 오픈소스'는 그런 것을 기대하기 힘들다. 따라서 리더의 최대 임무는 참가자의 자유로운 참여를 보장하면서도 전체적인 수준을 유지하는 것이다. 이런 난제를 해결하려면 새로운 도구를 잘 활용해야 한다.

❻ 젊은이들은 SNS를 이용해 인터넷으로 '연결된 뇌(=타인의 뇌)'에게 해결 방안을 묻는다. 지향성 공동체도 그런 해결 방안을 찾기 위해 협력한다. 참여한 개인의 뒤에는 지향성을 함께하는 대중의 지혜가 도움을 주기 위해 기다리고 있다. 이런 방식을 통해 개인의 능력이 강화된다.

❼ 커뮤니티에서의 지적 활동이 리더와 공헌도 높은 단골에게 사회적으로도 의미를 갖게 되면 지적 활동은 현실 세계의 신용 창조 장치처럼 작동하기 시작한다.

이런 '미래의 도구'가 모든 사람이 이용할 수 있는, 또 모든 사람에게 개방되는 플랫폼이 된다면 개인의 지적 활동을 지향성 공동체로 확대시키려는 사람이 늘어날 것이다. 또한 그런 도구

가 탄생한다면 비영리 조직이나 사회 기업가(Social Enterpreneur) 등 양질의 기존 커뮤니티가 앞 다퉈 이를 이용하게 될 것이다.

'폐쇄의 발상'에서 '개방의 발상'으로

2006년 8월 9일, 'bookscanner기(記)'(http://d.hatena.ne.jp/bookscanner/)라는 매우 재미있는 블로그가 선보였다.

이 블로그가 등장하기 5일 전, 나는 K라는 젊은이와 점심을 먹었다. K는 도서관 '북 스캔 프로젝트'에 깊은 관심을 보였다. 그것과 관련된 최신 정보에도 밝았다. 그는 구글이나 아마존, 마이크로소프트 쪽 사람이 아니라 책을 한 장씩 자동으로 스캔하는 특수 기계 전문가였다. 그래서 구글 등이 추진 중이던 스캔 프로젝트에 대해 자세히 알고 있었던 것이다.

나는 그에게 블로그에 글을 올리라고 강력히 권유했다. 기밀 사항이 아닌 범위 내에서 스캔과 관련된 정보를 전문가 입장에서 해석하고 해설하는 글을 올리면 훌륭한 블로그가 될 것이라고 설득했다. K는 그로부터 5일 후 'bookscanner기'라는 블로그를 개설했다.

나는 구글 북 서치를 비롯한 서적의 전자화 프로젝트에 관심이 많았기 때문에 그에게 배우고 싶은 것이 많았다. 하지만 나를 비롯한 실리콘밸리 사람들은 매우 바쁘기 때문에 직접 만나서 얼굴을 맞대고 배운다는 것은 현실적으로 불가능에 가깝다. 그래서 스캔 관련 정보에 흥미가 있는 사람은 누구나 K에게 배울 수 있도록 블로그 작성을 권유했던 것이다.

K가 새롭게 창업을 하게 되어 그의 블로그는 2007년 4월 12일 막을 내렸다. 하지만 8개월간 연재된 'bookscanner기'의 내용은 훌륭했다. 질의응답 코너 등의 내용이 매우 깊고 풍부했다. 전문성을 갖춘 수많은 독자들이 블로그 공간에서 그와 만나 활발한 토론을 벌였다. 나도 매일같이 그의 블로그를 읽으면서 서적의 전자화 프로젝트에 대해 이해도를 높였다. 그것은 지금까지 전혀 경험해 보지 못한 공부법이었다. 나만이 공부한다는 '폐쇄의 발상'에서 모두가 배우는 '개방의 발상'으로 전환함으로써 K의 지적 생산이 모두에게 공개되었고, 그 결과 수많은 사람들이 배울 수 있었다. K 자신도 '블로그를 지속함으로써 많은 것을 배웠고 즐거운 만남이 이어졌다.'는 메일을 보내왔다.

모두가 존경하며 가르침을 받고 싶어 하는 대상이 모두를 위한 블로그를 개설하게 된다면 인터넷 공간의 지적 풍요로움은 크게 증대될 것이다. 재야의 지혜를 현실화하면 인터넷 공간에 대중의 지혜가 넘쳐 나게 될 것이다.

그러나 대중의 지혜를 증폭시키기가 생각만큼 쉽지만은 않다. 자칫하면 블로그에 무수한 비판과 반발의 댓글이 올라오게 되고, 그렇게 되면 글을 올린다는 것에 큰 불안을 느끼게 된다. 그것은 마치 살얼음판을 걷는 것과도 같은 불안감이다.

필자의 블로그도 몇 차례 격한 논쟁의 전쟁터가 되어 찬반양론과 모독과 거친 비난이 엄청나게 올라왔다. 그럴 때면 괴롭더라도 그간의 프로세스를 모두 공개하면서 비판의 글 중 나름의 논리가 있는 것들도 함께 공개한다. 또 반성할 부분이 있다면 반성의 글을 블로그에 올린다. 이런 과정을 해낼 수 있는 강인함이 있어야 하는 것이다. 나는 격렬한 찬성과 반대 의견이 몰려들 경

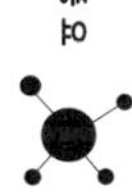

우 그중에서 논리적인 의견을 골라 거기에 나의 반성과 의견을 첨가한 뒤 다시 블로그에 올리는 과정을 반복했다.

이런 과정을 거치면서 나는 자신이 정말로 주장하고 싶었던 것이 무엇이었는지, 그 주장을 어떻게 전달해야 하는지, 어떤 표현이 비판을 받게 되는지를 정확히 이해하게 되었다. 훌륭한 의견을 가진 사람과 만남으로써 '대중의 지혜'를 절실히 느낀 적도 많았다. 그렇게 아픔을 맛보면서 발견한 지혜를 이 책을 쓰는 데도 활용하고 있다. 모기 겐이치로는 『퓨처리스트 선언』에서 "역사상 이름을 떨친 문화인들을 현재 시점에서 보면 확고히 정립된 위상을 가진 것처럼 보인다. 하지만 그들은 당대에는 온갖 칭찬과 비난의 한가운데 서 있는 존재였다. 그런 파란 속에서 싸우고 이겨 냄으로써 완성된 인간으로 성장해 가는 것이다. 오늘날 지극히 정상적인 사람일지라도 인터넷에만 노출되면 지난날 일부 저명한 인사들이 겪어야 했던 시련에 부닥치게 된다. 하지만 그런 시련을 이겨 내며 성장하는 것이다."라고 말했다.

지적 생산의 성과에 대해 격렬한 칭찬과 비난을 받았던 문화인들은 시련을 성장의 동력으로 활용하며 지적 생산을 계속해 나갔다. 블로그를 통해 '불특정 다수 무한대' 사람들과 대면하면서 겪게 되는 괴로움은 지적 생산 과정에 필수 요소인 셈이다.

퍼블릭 의식이 주도하는 인터넷 공간의 진화

이 책의 제7장에서는 웹 진화가 창조해 낼 새로운 직업에 대해 살펴볼 것이다. 새로운 직업의 주변은 규칙이 정립된 '낡은 직업'의 주변에 비해 자유롭다. 인터넷 비즈니스 등의 새로운 직업

주변에서는 과거의 실적이나 경험보다 '지금 당장 무엇을 할 수 있는지', 또는 '앞으로 무엇을 할 수 있는지'가 중요하다. 따라서 블로그에 공개한 지적 생산이 개인에 대한 평가 자료로 활용된다. 인터넷상에 이뤄 낸 지적 생산이 기존의 규칙과 신분의 장벽을 별 어려움 없이 뛰어넘게 되면, 현실 세계에서 '생계를 꾸려 갈' 가능성이 현실화되기 시작한다.

블로그의 독자가 증가함에 따라 블로그와 연결된 애드센스의 광고 수입이나 블로그에 소개한 상품의 중개 수수료(어필리에이트 수입) 등 인터넷 버추얼 경제권을 통해서 돈을 벌 가능성이 점차 높아지고 있다(『웹 진화론』 제2장, 제4장). 그러나 이 책의 제1장에서 소개했듯이 '경제 게임'이라는 시각으로 볼 때, 큰 수입을 보장해 주는 장소는 여전히 현실 세계이다. 따라서 블로그의 지적 생산의 성과를 현실 세계와 접목시키며 생계를 꾸려 나갈 방도를 찾는 것이 지금으로서는 현실적이라고 하겠다.

영어권에서는 실명으로 참가하는 SNS의 규모가 수천만 명 선으로 확대되었고(Facebook, LinkedIn 등), 실제 업무에도 적극 활용되고 있다. 이에 따라, 실명일 때에 의미를 갖는 '인간관계 지도(地圖)'가 장대한 스케일로 인터넷상에 구축되고 있다. 인터넷상에서 실명으로 자신을 표현하면서 살아 나가는 강인함을 갖는다면, 지적 생산의 성과를 현실 세계와 연결시켜 생계를 꾸려 나갈 수 있는 가능성이 크게 확대될 것이다.

좋아하는 일에 매진하고, 거기서 나온 지적 생산물을 인터넷에 공개하면 생계를 꾸려 나갈 수 있다는 사실은 우리에게 과거에 존재하지 않았던 자유를 부여한다. 또한 그런 삶은 부차적으로 인터넷을 풍요로운 지적 공간으로 만들기도 한다. 각 개인이

자기 자신을 위해 일을 해도 결과적으로 전체에 도움이 되는 것이다. 이는 개방적인 인터넷 세계 특유의 구조 때문이다.

이번 장에서는 인터넷 공간이 지적으로 풍요로워지는 미래에 대해 이야기했다. 요즘은 영어권 인터넷 공간이 '퍼블릭 의식' 속에서 진화되고 있다는 것이 피부에 와 닿는다. 대학과 도서관, 박물관, 학자 커뮤니티 등 지식의 정상에 있는 사람과 조직들이 '인류의 공공 재산인 지식을 널리, 누구나 이용 가능한 것으로 만드는 것이 선(善)'이라는 퍼블릭 의식 속에서 인터넷의 진정한 의미를 찾아내기 위해 최선을 다하고 있다.

영어권 인터넷의 '학습의 고속도로'는 지금처럼만 발전한다면 10년 후에는 매우 충실한 공간이 될 것이다. 이렇게 볼 때, 단지 영어권에 태어났기 때문에 갖는 우월성이 지금 이상으로 확대되어 버리는 것이 아닐까 하는 위기감마저 든다. 한 개인으로서 '영어권 인터넷 공간의 지적 충실화'를 바라보면, '영어 실력을 쌓는 것이야말로 앞으로의 지적 생활을 충실히 하는 데 필수 불가결한 조건이다'라는 결론에 도달하게 된다. 학습의 고속도로를 구축하기 위한 도구는 완비된 상태다. 따라서 인터넷 공간을 지적으로 풍요로운 존재로 만들기 위해서는 한 사람 한 사람이 의지를 가져야 한다. 인터넷 지식의 가능성을 과소평가해서 아무런 노력도 하지 않는다면, 10년 후 영어권 인터넷 공간과 그 외의 인터넷 공간 사이에는 도저히 뛰어넘을 수 없는 격차가 생겨날 것이다. 그래서 나는 이 시점에 경종을 울려야 할 필요성을 절감한다.

지적 생산의 목적은 생산품을 다른 사람에게 전달하는 것이다. 이것은 개인적인 지적 생활과 달리 타인의 존재를 의식한 행위이다. 지적 생산의 본질에는 '이타성'이나 '퍼블릭 의식'이 포함되어 있고, 사회 공헌도 자연스럽게 들어 있다. 좀 더 많은 지성인들이 이 점을 심사숙고함으로써 인터넷 공간이 지적으로 더욱 풍요롭게 발전하길 기원한다.

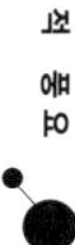

6장

정보 공유와 조직의 선택

어떻게 보면 사원의 입장에서는 정보가 통제되는 것이 편할 수도 있다. 자신에게 공개된 한정적인 정보의 범위 내에서만 최선을 다하면 되기 때문이다. 모든 정보를 제공한다는 것은 무한한 헌신을 요구하는 것과 같은 의미이다. 자신의 업무는 물론이고, 회사 전체에서 일어나는 모든 일에 관심을 깆고 적극적으로 관여하라는 말이나 마찬가지이다. 이러한 방침을 취하는 경영자 밑에서는 사내에 자연스럽게 경쟁 환경이 만들어진다. 즉, 사원 전원에게 "당신이 이 회사 사장이라고 생각하고 일하라"고 요구하는 환경이라고 보면 된다.

하지만 회사의 모든 일에 관여하고 최선을 다하는 사원이 결국은 톱 러너가 된다.

오픈소스의 성공은 조직의 업무 처리와 관련해서도 의미 있는 발견이었다.

‘강제적으로 일을 시키는 도구(고용, 혹은 금전적 거래)가 존재하지 않음에도 사람들이 자발적으로 참여해서 복잡한 구축물을 창조한다.’

이러한 오픈소스의 세계는 모든 정보가 참가자 전원에게 공유되지 않으면 성립이 불가능하다. 우리들은 ‘정보 공유’라는 것의 깊은 의미와 정보 공유를 가능케 하는 신뢰의 의미를 좀 더 진지하게 생각해야 할 시점에 와 있다.

조직에서는 핵심 정보를 많이 가진 사람이 권력을 장악한다. 정보의 유무를 기준으로 계층형 조직이 유지되고 운영되는 것이다. 특히 거대 조직은 회사의 정보가 누출되는 것을 막기 위해 정보 유통을 강력히 통제하고 관리하려는 경향이 있다.

하지만 불특정 다수 무한대를 신뢰할 수 있으며 정보 공유라는 것이 가능하다면, 기존 조직에서도 오픈소스 방식의 정보 공개가 가능한 것 아닐까. 이것이 바로 오픈소스가 기존 조직에 던지는 본질적인 질문이다.

구글은 조직이 소규모였던 창업 당시부터 종업원이 1만 명을 넘는 현재에 이르기까지, 이 본질적인 질문에 진지하게 접근하고 있다. 그들은 사원 모두가 정보를 공유한다는 전제 아래 회사를 경영하고 있다. 정보 공유가 없었다면 오픈소스의 발전이 불가능했다는 사실을 인터넷 사상에 익숙한 엔지니어들이 너무도 잘 알기 때문이다. ‘정보 유통을 통해 개인의 자유를 최대한 추

구한다’는 사상을 토대로 조직과 개인의 새로운 관계를 모색하는 것이 그들의 운영 방식이다.

구글은 매년 여름 방학 때면 전 세계 대학생 수백 명을 8주간 인턴으로 채용한다. 구글에서 인턴을 경험한 대학생들이 흥분을 감추지 못한 채 나에게 구글에서 경험한 ‘정보 공유의 광기’에 대해 이야기해 준 적이 있다.

“우리들은 8주 후에는 대학으로 돌아갈 사람들이었습니다. 구글은 그런 우리들에게 구글의 서비스를 구성하는 소스 코드의 모든 라이브러리, 개발 중인 프로젝트의 상세한 계획 및 프로토타입, 사원들이 업무 연락과 아이디어 제출용으로 사용하는 블로그까지 모두 액세스할 수 있게 허용했습니다. 물론 구글과 NDA(기밀 유지 계약)를 맺기는 했지요. 인턴 첫날 설명회에서 우리는 알 수 있었습니다. 구글은 엔지니어에게 이상적인 환경을 만들려고 합니다. 일류 엔지니어는 정보가 완전히 공개되었을 때 최고의 의사 결정을 할 수 있습니다. 일반적인 회사에는 이런 환경이 존재하지 않습니다. 구글은 자사의 규모가 아무리 커지더라도·이런 환경을 유지하려고 합니다. 근무 기간이 8주에 불과한 인턴이지만 우리들을 엔지니어로 대해 줬고, 일류 엔지니어로 인정해 줬습니다. 이상을 추구하기 위해 우리들을 믿어 준 것입니다. 우리들에게 ‘여기서 보고 들은 것은 부모에게도, 또 배우자에게도 절대 얘기하지 말기 바란다.’고 했습니다. 그 말은 우리를 깊이 신뢰한다는 의미였습니다. 감동했습니다. 대학에 돌아가서도 구글에서 보고 들은 것은 절대로 발설하지 않을 것입니다. 인간이라면 그런 짓은 절대 할 수 없습니다.”

물론 공유되는 정보는 엔지니어가 필요로 하는 기술 정보가 중심이다. 비즈니스상의 기밀 정보와 고객 정보 등은 비밀이 엄격히 유지된다. 그러나 정보를 공유하는 것이 원칙이고 예외적으로 감추느냐, 아니면 감추는 것을 전제로 하고 공유를 예외로 하느냐에 따라 조직 내 정보에 관한 사고방식은 크게 달라진다.

정보의 공개로 자발성을 유도한다

어떻게 보면 사원의 입장에서는 정보가 통제되는 것이 편할 수도 있다. 자신에게 공개된 한정적인 정보의 범위 내에서만 최선을 다하면 되기 때문이다. 모든 정보를 제공한다는 것은 무한한 헌신을 요구하는 것과 같은 의미이다. 자신의 업무는 물론이고, 회사 전체에서 일어나는 모든 일에 관심을 갖고 적극적으로 관여하라는 말이나 마찬가지이다. 이러한 방침을 취하는 경영자 밑에서는 사내에 자연스럽게 경쟁 환경이 만들어진다. 즉, 사원 전원에게 "당신이 이 회사 사장이라고 생각하고 일하라"고 요구하는 환경이라고 보면 된다.

하지만 회사의 모든 일에 관여하고 최선을 다하는 사원이 결국은 톱 러너가 된다. 그런 사람이 주도하는 경쟁 환경이 회사 내에 조성된다. 실제로 모든 정보가 공개되는 조직은 자신이 사장이라는 각오로 일해야만 출세할 수 있는 환경이라고 보면 된다. 회사가 어떻게 움직이고 있는지는 인트라넷을 보면 실시간으로 알 수 있기 때문에 지적 호기심과 에너지를 극한까지 발휘할 수 있다. 사내 정보를 이용해 얼마든지 공부할 수 있고, 사내에 널린 흥미로운 업무를 얼마든지 발견할 수 있다. 그런 환경 속에서 모든 참여자가 철저히 일에 매진하게 되는 것이다. 구글

의 경쟁 우위는 이와 같이 신뢰가 경쟁을 자극하는 환경 속에서 생겨난 것이다.

구글을 방문하면 음식과 음료수가 늘 무료로 제공된다는 사실에 놀라게 된다. 고급스러운 카페와 레스토랑이 모두 무료여서 세끼 식사를 공짜로 할 수 있다. 체력 단련실과 세탁기도 완비되어 있다. 그뿐 아니라 세차와 엔진 오일 교환, 이발, 내과 검진 등의 거의 모든 것을 회사가 무료로 제공한다. 식사를 비롯해 생활의 사소한 부분에서 발생하는 시간 낭비를 모두 배제해 사원들이 일에만 몰두할 수 있는 환경을 갖춘 것이다.

구글이 2006년 대대적인 사원 채용 공고를 냈을 때, 전 세계에서 100만 통이 넘는 지원서가 몰려들었다고 한다. 실제로 채용한 인원은 5,000명 정도였으니까 경쟁률이 200 대 1을 넘은 것이다. 사람 손으로 100만 통의 지원서를 일일이 검토한다는 것은 불가능에 가까운 일이기 때문에, 응모자가 구글의 창조적인 지적 환경에 적응할 수 있는지의 여부를 자동 판정 프로그램을 통해 1차적으로 심사한다.

오픈소스 세계에서는 정보가 완전히 공유되기 때문에 참여자들은 프로젝트의 움직임을 일목요연하게 파악할 수 있다. 참여자 모두가 전체적인 시각에서 정보를 보며 자신이 원하는 업무를 발견해서 자발적으로 참여한다. 이러한 방식은 인터넷상에 학습의 고속도로가 만들어지면 시키지 않아도 사람들이 자발적으로 들어와 질주하는 것과 흡사하다.

정보가 철저히 공유되는 새로운 조직에서는 개인들이 자발적으로 몰두하고 참여하며, 그런 가운데 큰 성과를 이루어 내는 사람이 자연스럽게 부상하게 된다. 이것은 즉, 여러 사람이 방대한 정보를 공유하면 뭔가가 반드시 일어난다는, 새롭고도 큰 발견이라고 할 수 있다.

정보 공유와 결과 지향형 실력주의

오픈소스 세계에서는 누가 무엇을 달성했는지가 모든 참여자에게 곧바로 알려진다. 정보가 즉시 공유되는 것이다. 따라서 제한된 정보 속에서 소수의 평가자가 판단하는 것이 아니라, 프로젝트 참가자 전원의 상호 평가에 의해 성과에 대한 가치매김이 이뤄진다. 쓸모 있고 질 좋은 코드를 많이 개발해 내고 어려운 과제를 해결하는 등 커뮤니티에 진정으로 공헌한 사람이 부상한다. 이와 같이 '실력주의'라는 단일 기준으로 능력이 평가되는 세계야말로 일류 엔지니어들이 이상으로 삼는 조직이다(구글에서도 엔지니어에 대한 평가는 엔지니어들이 내리며 비즈니스 매니저는 평가에 일절 관여하지 않는다).

'Result-oriented Meritocracy(결과 지향형 실력주의)'라는 말이 실리콘밸리의 실력주의를 지칭하는 경우가 많은데, 오픈소스 세계의 인사 시스템은 이를 더욱 발전시킨 방식이라고 보면 된다.

'인간'의 입장에서 보면 이것은 일종의 무한 경쟁 사회다. 무한의 정보가 공유되면 '출제 범위가 정해진 시험'이나 '역할이 부여된 범위 내의 경쟁'과는 전혀 다른 양상이 펼쳐진다. 일을 해도 해도 다시 눈앞에 새로운 과제가 나타난다. 대상에 대한 몰두가 경쟁의 핵심 요소이다. 오픈소스 프로젝트에서는 그러한 몰두 경쟁에서 승리를 거둔 자, 즉 커뮤니티에 대한 공헌도가 높은 톱 엔지니어에게 프로젝트에 대한 권한이 부여되는 메커니즘이 자연스럽게 자리 잡았다.

물론 보통의 조직들도 실력주의를 내세우는 경우가 많지만 그 실상을 들여다보면 과거의 실적이나 잠재 능력이 평가에 포함되는 경우가 다반사이다. 반면 오픈소스 세계에서는 현재 눈앞에 놓인 프로젝트에서 결과를 내느냐 못 내느냐가 유일한 평가 기준으로 작용한다. 그 한 가지 기준에 의해 프로젝트를 관장할 권한이 부여되는 것이다. 덕분에 새로운 인재도 속속 배출된다. 그것이 바로 오픈소스 세계를 지배하는 결과 지향형 실력주의이다.

제2장에서 "성공하는 오픈소스 프로젝트에는 인생의 모든 것을 거는 리더가 존재한다"고 말한 바 있다. 성공하는 오픈소스 프로젝트의 리더는 '뼈를 묻을 각오로' 몰두하며 결과 지향형 실력주의 커뮤니티를 견인한다. 그의 오른팔들도 결과 지향형 실력주의를 통해 부상한다. 그렇기 때문에 리눅스처럼 성공하는 오픈소스 조직은 날이 갈수록 강인해지며, 그러한 프로젝트의 성과물인 소프트웨어는 그 성능과 품질이 영리 조직에서 만들어진 것보다 훨씬 우수하다. 위대한 불가사의 현상이 일어나고 있는 것이다.

대규모 조직과 정보 공유

웹 진화에 의해 탄생한 새로운 조직 원리가 과연 기존 조직에도 통용될 수 있을까. 나는 일본의 한 기업체 사장에게 정보 공유와 신뢰에 바탕을 둔 새로운 조직 운영 방식을 브리핑한 적이 있다. 약 한 시간에 걸친 프레젠테이션이 끝나자 사장은 다음과 같이 말했다.

"선생의 얘기를 듣고 깨달은 것이 있어요. 일본 기업도 '비상사태'가 일어나면 선생이 말한 정보 공유 시스템을 도입한다는 사실입니다. 비상사태란 예를 들어, 고객용 온라인 시스템이 다운됐다든가 하는 경우이지요. 그럴 때면 관계자 전원이 이용할 수 있는 사내 게시판이 바로 만들어집니다. 인트라넷이 등장하기 전부터 그랬습니다. 관련된 정보는 아무리 사소한 것이라도 전부 그곳에 올려 공유합니다. 회사의 모든 게시판과 벽에 관련 정보를 붙입니다. 그러면 지위 고하를 막론하고 그 문제에 가장 정통한, 가장 능력 있는 사원이 자연스럽게 상황을 주도하게 되고, 해결책을 모색해 나갑니다. 모두들 하나가 되어 위기에 맞서는 것이지요. 그러면 사태는 해결을 향해 나아갑니다. 구글이라는 회사는 유사시뿐 아니라 평상시에도 그런 체제를 구축함으로써 위기의 순간만이 아니라 새로운 서비스 개발이나 신사업 창조 등 일상적인 업무에서도 그런 식으로 조직을 운영한다는 말이군요. 실제로 그런 이상대로 움직이리라고 믿기는 어렵지만 말이죠. 선생이 제시한 방식을 우리 회사에 도입할 경우 가장 어려움을 겪을 부분은, 평상시에 그런 시스템을 유지하는 일입니다."

그의 지적은 새로운 발견이었다. 새로운 조직 원리는 일본 유수의 기업들이 유사시에 자연스럽게 사용해 온 시스템이었다. 관계자 전원이 문제와 관련된 정보를 공유함으로써 위기가 해결될 때까지만 결과 지향형 실력주의의 세계가 펼쳐지는 것이다. 조직의 강인함이 가장 필요한 시점은 위기가 닥쳤을 때이다. 그런 때에 한해 정보를 공유하는 결과 지향형 실력주의가 등장했던 것이다.

하지만 평상시는 '유사 사태'가 아니다. 넘치는 아드레날린

속에 일하는 구글의 젊은 사원이 아니라 일반 회사에 근무하는 보통 사람에게 24시간 긴장감과 고양감을 기대하기는 힘들다. 특히 조직이 크면 클수록, 유사시에만 유효하게 작동하는 자발성 및 능동성에 의지하기가 힘들다.

부여된 업무, 짜증나지만 하지 않으면 안 되는 중요한 업무를 분담하며 묵묵히 처리하는 것은 조직에서 매우 중요한 일이다. 대규모 조직의 일상은 그런 식으로 움직여야 하는 것인지도 모른다. 그래서 정보 유통을 관리하고 개개인의 모든 업무를 미리 정하는 '꽉 짜인 조직 구조'를 만드는 것이다. 이것이 현재 당연시되는 조직 원리이다. 그 사장이 '평상시를 24시간 비상시처럼 운영하는 것이 가장 어려운 부분'이라고 말한 것도 바로 그런 이유가 아닐까 싶다.

정보 공유가 소규모 조직을 강하게 만든다

정보 공유를 전제로 한 새로운 조직은 규모가 작을수록 효율적이다. 대규모 조직에 이런 시스템을 도입하기에는 문제가 너무 많다. 인원이 적을수록 신뢰감을 키우기 쉽고 잃는 것도 적기 때문에 과감하게 정보 공유를 할 수 있는 것이다. 제2장에서 소개했듯이, 웹 진화를 체현하는 새로운 리더가 이끄는 조직이 소규모라면 새로운 사고법을 통해 조직을 강인하게 만들 수 있다. 실제로 오픈소스에 정통한 젊은 엔지니어가 창업한 작은 조직에서는 정보 공유가 뿌리내려 있고, 이러한 흐름은 '앞으로의 10년'에서는 더욱 당연한 것이 될 전망이다.

내가 1980년대 말에 입사했던 경영 컨설팅 회사의 도쿄 사무소는 직원이 스무 명이 채 안 되는 작은 조직이었다. 그 회사 일본 법인 운영자의 방침에 따라 팩시밀리(당시 인터넷은 없었다)로 들어온 서류는 중요한 기밀이 아닌 한 모두 게시판에 붙여 전 사원이 공유하도록 했다. 나는 매일 일찍 출근해서 그것들을 모두 읽었다. 사내에서 움직이는 여러 프로젝트와, 세계 도처의 사무소 동향 등 좀 더 넓은 세계를 엿볼 수 있었다. 그것은 당시에 회사 생활이 즐거웠던 큰 이유 중 하나였다. 그처럼 열려 있고 자유로운 발상을 하는 책임자는 과거에도 있었다는 얘기다. 정보 공유는 활력 있는 작은 조직에서는 매우 자연스럽게 실현된다.

최근 10년 사이에 인터넷만 있으면 웬만한 일은 처리할 수 있게 되었다. 그렇게 세상은 변해 왔다. 그러나 대규모 조직의 존재 방식은 10년 전에 비해 거의 변한 것이 없다. 그것은 조직 없이도 소수의 사람들만으로 새로운 일을 해낼 수 있을지 아직까지 생각 중이기 때문일 것이다.

모든 사람이 창업자나 프로젝트 리더가 되려고 하지는 않는다. 오픈소스 프로젝트나 지향성 공동체에는 리더를 돕는 오른팔들이 존재한다. 그리고 이들 빛나는 보좌역이 없는 한 조직과 프로젝트는 성공을 거둘 수 없다. 리더와 오른팔이 활약하는 활력 넘치는 작은 조직이 '소규모'의 이점과 웹 진화가 제공하는 기회를 접목함으로써 과거 대규모 조직만이 할 수 있었던 일을 이뤄 내는 시대가 오리라고 본다. 그럴 때 가동되는 조직 원리가 바로 정보 공유와 결과 지향형 실력주의이다.

이제는 대기업 경영자들이 민첩한 소그룹에 적합한 사업 분야에까지 손을 내미는 일을 꺼리게 되었다. 신규 사업 착수 비용 등을 감안할 때 바람직하지 않기 때문이다. 15년쯤 전부터 미국

대기업들 사이에는 '고유 영역이 아닌 분야에서 대책 없이 신규 사업을 시작하면 성공할 확률이 낮다'는 상식이 자리 잡았다. 그래서 본업과 그 주변의 신기술 및 신제품 개발에 주력하고, 신규 사업은 벤처의 '다산다사(多産多死)' 시장 메커니즘에 맡기려고 한다. 만일 꼭 필요한 경우에는 시장에서 살아남은 벤처를 매수하는 경영 방식이 정착되었다. 앞으로 일본에서도 마찬가지 현상이 벌어질 것으로 보인다.

자신에게 맞는 조직을 선택하는 법

어린 시절부터 한 분야에 몰입해 고속도로를 질주하는 사람은 그리 많지 않다. 업무를 해 나가면서 적성에 맞거나 좋아하는 일을 발견하고 실력을 키워 한 발 한 발 성장하기 위해서는 우선 조직에 소속되는 것에서 모든 것이 시작된다. 그럴 때 중요한 것이 자신의 성향을 정확히 파악해 소속될 조직을 택하는 것이다.
　조직을 선택할 때는 다음의 세 가지 사항을 명심해야 한다.

❶ 거대 조직은 거대하다는 것 자체가 힘을 발휘하는 사업을 선택해 거기에 집중하는 경향이 있다. 그곳은 거대 조직 적응력이 뛰어난 사람들이 생존할 수 있는 세계이다.

❷ 거대 조직은 들어가기가 어렵고, 또 일단 그 조직에서 나오면 다시 들어가기도 힘들다. 바로 이 점 때문에 한번 들어간 거대 조직에서 나오기가 쉽지 않다. 이에 비해 작은 조직은 들어가기도 쉽고 나오기도 쉽다. 작은 조직은 학력이나 경력보다 '지금 당장 무엇을 할 수 있는지'를 중시하는 경향이

있다.

❸ 앞으로는 활력 있는 작은 조직의 미래가 밝다. 하지만 작은 조직은 거대 조직에 비해 실망을 줄 가능성이 크다. 입사해 보기 전에는 회사의 실체를 알기 힘들고 시간이 흐르면서 조직의 성격과 분위기가 변할 위험도 크다.

'거대 조직 적응력'이 그다지 높지 않은 사람은 일단 작은 회사에서 시작해 실력을 쌓아 가면서 조금이라도 더 나은 장소로 옮기면 된다. 작은 회사에서는 비교적 빠른 시기에 큰 권한이 부여되기 때문에 성장할 수 있는 기회가 일찍, 자주 찾아온다. 중요한 것은, 일단 특정 분야에 승부를 걸기로 결정했다면 한 회사에 의존하지 말고 항상 다음 옮겨 갈 회사를 시야에 넣고 살아야 한다는 것이다.

자신이 소속된 작은 조직의 장래성을 판단하는 리트머스 시험지가 있다. 정보 공유와 경쟁력의 상관관계에 대해 그 조직이 얼마나 이해하고 있는지를 관찰하면 된다. 정보 공유와 관련된 작은 제안을 해 보고 거기서 돌아오는 반응을 살펴보면 조직의 감성이 참신한지 진부한지 판단할 수 있다.

조금이라도 더 좋은 조직, 조금이라도 더 자기실현이 가능한 회사를 찾아 10년에 세 번 정도 회사를 옮기는 것에 양심의 가책을 느끼거나 주저할 필요는 없다. 자신에게 맞는, 빛나는 작은 조직을 만나려면 시행착오를 거듭해야 한다. 전직을 통해 좀 더 전망 좋은 장소로 옮겨 갈 기회를 잡을 수 있다. 그러려면 한번 들어가면 나오기 힘든 거대 조직보다는 작은 조직에 들어가는 것이 기회나 가능성 면에서 유리하다. 또한 '적절한 시기에 적

절한 장소에 있을' 확률도 높아진다. 멋진 만남을 통해 마음이 맞는 동료들과 작은 조직을 만들 수도 있다.

불경기의 여파로 대기업에 들어가지 못하고 중소기업에 취직한 사람들은, '마음 편히 전직할 수 있는 기회를 맞았다'고 생각하면 된다. 대격변의 시대에는 한 조직이나 분야에 속박되지 않고 유연하게 살아가는 편이 위험 요소가 적은 법이다.

30세 이후 15년을 어떻게 보낼 것인가

나는 대기업 젊은이들과 상담할 때면, 30세부터 45세까지 15년 동안 소속 회사에서 거대 조직의 프로가 될 각오와 자질(거대 조직 적응력)이 있는지를 우선 묻는다.

거대 조직은 거대한 사회다. 미숙한 20대 때는 배우는 속도도 빠르고 흡수할 수 있는 것도 많아 학습 곡선이 급격히 올라간다. 그러다가 어느 정도 경험이 쌓이면 직접 뭔가를 해내고 싶어 진다. 하지만 대기업에서는 큰 권한이 쉽사리 부여되지 않는다. 위가 막혀 있다든지, 거대 조직에서 주도적으로 일을 하려면 배울 것이 아직 많다든지, 여러 가지 이유가 있을 것이다. 그런 시기가 30세에서 45세까지의 15년이다. 경력을 쌓는 데에 정체감을 느낄 수 있는 시기이다.

거대 조직에서 프로로 성장할 각오와 자질을 갖추었다면 15년을 꿋꿋이 견뎌 내야 한다. 그 기간에 거대 조직에서만 배울 수 있는 노하우를 열심히 익혀야 한다. 다양한 경영 능력, 해외 사업체 설립법, 거대 제조업의 제품 생산 관련 노하우, 반도체·액정 디스플레이 등의 거대 설비에 투자하는 회사에서만 습득할 수 있는 기술, 글로벌 생산 체제와 그것을 지탱하는 거대 정보 시스템, 글로벌 마케팅, 재무 등등……. 거대 조직에서만 연마할 수 있는 전문성은 일일이 열거하기 힘들 정도이다. 회사 내에서 가능성을 찾아내고, 자신의 적성에 맞는 분야에서 프로로 커 가면 되는 것이다.

대기업에서 배울 수 있는 지식을 인터넷을 통해 얻기란 쉽지 않다. 대기업의 프로를 추구한다는 것은 '높고 험한 길'을 가는 것이다. 근무하는 회사가 특정 분야에서 최고의 위치에 있고 자신이 그 분야의 프로가 될 수 있다면 개인의 시장 가치는 높아진다. 업무 현장이 '전망 좋은 장소' 그 자체라는 의미다. 도요타의 생산 시스템에 정통한 사람에게 기업들이 눈독을 들이고, 도요타식 경영이 몸에 밴 50~60대를 다른 회사에서 경영자로 영입하는 것만 보아도 잘 알 수 있다. 대학을 졸업한 뒤 20여 년 동안 높고 험한 길을 걸어 거대 조직의 프로가 되면 그가 갖춘 경영력과 기술력의 시장 가치는 높아진다.

각오해야 할 것 중 하나는, 전통 있는 대기업이라 할지라도 언제 무슨 일이 일어날지 모르는 시대라는 점이다. 몸담고 있는 기업이 망할 수도 있다는 말이다. 대기업의 프로가 되겠다는 것은, 자신이 프로로 성장할 때까지 회사가 살아남는다는(매수되더라도 사업이 존속하는 것을 포함해) 쪽에 판돈을 거는 행위라는 점을 알아야 한다. 한 가지 다행스러운 일은, 기업의 존망에 대해서는 비교적 정확하게 예측할 수 있다는 것이다. 그렇게 해서 시장 가치가 발생하는 프로의 경지까지 도달할 수 있다면 사회에서 살아남을 수 있다.

반면 거대 조직에 맞지 않는 유형도 있다. 프로가 될 각오가

서지 않는다거나 자신이 소속된 회사가 살아남을지 확신할 수 없는 사람, 거대 조직 적응력이 부족한 사람 등이 그런 경우이다. 하지만 이런 유형은 거대 조직은 물론 그 어떤 조직에서도 살아남기가 쉽지 않다. 경력을 쌓아 가는 데도 어려움을 겪는다. 부여된 업무만 해낼 뿐 일에 자신감도 없다. 이런 사람이 역동적으로 움직이는 거대 조직에 들어갈 경우, 하루하루를 밀려다니다 소모품으로 전락할 위험이 크다. 또한 이런 사람들은 작은 조직을 옮겨 다니면서 30세에서 45세까지를 승부처로 보는 '대기업 바깥 사람들'에 비해 긴장감이 많이 떨어진다. 이런 유형의 사람들은 '회사에서 흡수할 수 있는 모든 것을 흡수하고, 15년이란 기간 중 가능하면 이른 시기에 사표를 내겠다'는 생각을 가져야만 한다. 그런 결의를 품고 일하는 사람이, 역설적이지만, 조직에서 빛나는 개인이 될 수 있다. 흡수할 수 있는 모든 것을 흡수하겠다고 결심했기 때문에 다양성으로 가득한 전체 조직 속에서 자신의 지향성과 합치되는 장소를 발견해 내고 그곳으로 옮겨 갈 수도 있을 것이다. 그리고 그 새로운 장소에서 지향성이 지시하는 대로 최선을 다하다 보면 한계를 넘어설 수도 있다. 이런 경험을 쌓은 사람은 거친 산길을 걸어갈 준비를 갖춘 것이다.

필자처럼 거대 조직 적응력이 떨어지는 사람이 어떻게 그런 거대 조직(해외 지사까지 포함할 경우 ADL의 사원은 3,000명 규모)에서 10년이나 근무할 수 있었는지 나 자신도 종종 고개를 갸우뚱거리곤 한다. 아마도 자신이 하는 일, 생각하는 것을 주위 사람들에게 말하고 싶어 입이 근질근질한 성격 덕분에 거대 조직에서 살아남을 수 있었는지도 모른다. 당시는 인트라넷을 통해 정보를 공유하는 일도 없었고 블로그도 없던 시절이었으므로 외부를 향해 정보를 발신할 방법이 없었다. 하지만 좋은 아이디어나 그럴듯한 대형 프로젝트 구상이 떠오르면 나는 바로바로 선배와 동료에게 얘기했다. "그건 전에도 한 얘기잖아."라는 핀잔을 들으면서도 끈질기게 얘기했다. '나 홀로 정보 공개', '나 홀로 정보 공유'와 비슷한 행위를 자신도 모르는 사이에 하고 있었던 것이다. 그러한 나를 이해하지 못하는 사람도 있었지만, 적어도 내가 무엇을 하려는지는 다들 알고 있었다. 속생각을 모두 털어놓다 보니 나 때문에 누가 불이익을 받게 될지도 다 알려졌다. 개중에 자신과 직접 이해관계가 없는 간부들은 나의 아이디어에 흥미를 보이며 지원해 주기도 했다. 모든 것은 정보 공유의 성과였다.

거대 조직의 프로를 추구하든, 아니면 흡수할 수 있는 모든 것을 흡수한 뒤 사표를 내든, 중요한 것은 그 어느 쪽이든 결정을 해야 한다는 것, 그리고 30세에서 45세까지라는 어렵고도 소중한 시기를 깊은 자각심을 갖고 살아야 한다는 것이다.

조직과 업무의 5대 위험 징후

인텔을 키워 낸 앤드루 그로브는 저서 『편집광만이 살아남는다』에서 "조식 내의 카산드라를 중시하라"고 말한다. 그리스 신화에 등장하는 카산드라는 트로이 함락을 예언했던 여사제다. 즉, 닥쳐올 불행을 예언하는 사람이라는 의미이다. 변화를 누구보다 빨리 알아차리고 목청 높여 경고하는 카산드라. 그런 인물이 조직에서 차지하는 의미를 그로브는 거듭거듭 강조했다. 조

직이 크건 작건 간에 조직원들에게 위기를 인식시켜 주는 카산 드라가 내부에 있어야 한다.

카산드라는 '탄광의 카나리아'이다. 광부들은 갱에 들어갈 때 카나리아를 앞장세운다. 카나리아가 유독 물질에 민감하게 반 응하기 때문이다. 카나리아보다 독성에 강한 인간들은 카나리 아가 죽어 가는 모습을 보면서 철수 시기를 결정한다.

내가 10년 전 창업한 '뮤즈 어소시에이츠'라는 컨설팅 회사는 고객인 일본 기업에 대해 '탄광의 카나리아' 같은 역할을 수행 하려 했다. 구글의 위협적인 행보를 2002년 무렵부터 IT 기업 간 부들에게 알려 왔다.

여기서 나는 다시 한번 '카나리아적' 능력을 발휘해, 조직과 업무에서 나타나는 5대 위험 징후를 소개하고자 한다.

❶ '시간의 흐름이 엄청나게 느린' 조직을 경계해야 한다. 그 런 회사에 오래 근무하면 할수록 사회 전체의 속도에 적응 하기 힘들어진다. 시간이 느리게 흐른다는 것은 조직에 긴 장감이 없다는 것을 의미하며, 만약 이런 위험 신호를 감지 했다면 왜 시간이 늦게 흐르는지 알아봐야 한다. 쉽게 결정 할 수 있는 일인데도 권한이 위양되지 않아 상부의 지시만 기다리고 있다든지, 경쟁이 치열하지 않아 업계 전체의 시 간이 느리게 흐른다든지 하는 이유를 발견할 수 있을 것이 다.

❷ '매일 똑같은 일이 반복되며 변화가 없는' 업무는 주의해야 한다. 그런 일을 오랫동안 하다 보면 세상의 격변에 적응하 지 못하게 된다.

❸ 새로운 일은 일절 시도하지 않는 '돌다리 두드리는' 사원이 높게 평가받는 사풍(社風)을 주의해야 한다. 견실한 경영이 나쁜 것은 아니다. 업계의 특성 때문에 그런 경영 방식을 선택했고, 그 덕분에 생존할 수 있었던 회사도 있다. 그러나 그런 방식이 몸에 배어 버리면 바깥세상에서는 쓸모없는 사람이 되기 쉽다.

❹ 작은 일조차 개인의 판단에 맡기지 않고, 책임을 집단에 분산하는 경향이 있는 회사는 주의해야 한다. 아무리 초일류 기업일지라도 이런 회사에 오래 근무하게 되면 혼자서는 아무 판단도 못 하게 된다. 조직 외부의 상식과 갈등을 빚게 된다.

❺ '자신의 회사에 대해서만 프로'인 사람이 중용되는 회사는 주의해야 한다. 앞서 사용한 '거대 조직의 프로'라는 표현은, 업무를 통해 조직을 넘어서는 보편성을 익힌 사람을 말한다. 즉, 외부에서도 통용되는 사람이다. 하지만 소속된 회사에서만 프로급 능력을 발휘하는 사람은, 회사 밖에서는 아무런 쓸모가 없는 존재다.

이 다섯 가지 중 해당 사항이 많은 회사에 근무하는 기간이 길수록 그 조직을 벗어났을 때 생존할 수 있는 생명력은 퇴화한다. 그리고 어떤 회사에 장기간 근무했던 사람에 대한 평가는 그 회사의 이미지와 일치한다.

'낡은 가치관'에 의심의 눈길을 보내라

'엄청난 변화의 시대'를 살고 있음에도 눈앞의 현실은 변하지 않는 것처럼 보인다. 에도 시대 말기인 19세기 바쿠후 관계자들의 의식이나 당시 서민들의 감각도 그랬으리라. '에도 시대 말기'라는 표현은 후세 사람들이 붙인 것에 불과하다. 당시를 살던 사람에게는 그저 현재가 있었을 뿐이다. 최근의 예로 1980년대 후반의 소련에 살던 사람들도 마찬가지였을 것이다. 붕괴 직전에 살고 있다고는 아무도 생각하지 않았을 것이다.

에도와 메이지 시대를 반반씩 살았던 19세기의 계몽사상가 후쿠자와 유키치는 '한 몸으로 두 삶'이라는 말을 남겼다. 인생의 절반을 소련 붕괴를 경험하며 산 40~50대 러시아 인들도 인생을 그런 식으로 되돌아보게 될 것이다. 국가 체제가 변해 버리는 격변까지는 아니더라도 1990년대 야마이치(山一) 증권 도산처럼 회사 붕괴라는 변화에 개인이 휩쓸리는 경우는 많다. 그렇게 되면 원하건 원치 않건 누구나 거친 산길을 걷게 된다. 회사가 망하지는 않더라도 기업 합병이나 매수 등에 의해 경영 체제가 근본적으로 바뀌는 일은 비즈니스 사회에서 일상다반사이다.

젊은이들을 중심으로 일본인의 의식도 크게 변해 왔다. 1980년생은 필자보다 20년이 젊은 사회인이다. 그들이 초등학교를 졸업했을 무렵 일본은 버블 붕괴 뒤의 특이한 폐색감(閉塞感)에 잠겨 있었다. 반면 내가 초등학교를 졸업했을 때는 고도성장기의 말기였다. 불과 20년의 차이지만 그들과 나는 다른 나라에서 태어나고 자랐다는 느낌이다. 필자 세대는 거대 조직에 의지하려는 심리가 뿌리 깊게 남아 있었다. 이제 그런 심리에서 자유로운 젊은이들이 늘고 있다.

이 책이 묘사하는 변화가 상당히 진척되어 사람들 대다수가 "사회가 크게 변했다"고 느끼게 되는 시기는 2015~2020년쯤이 될 것이다. 2015년에는 1975년생이 40세, 2020년에는 45세가 된다. '인생 80'을 전제로 하면 1975~1980년생 세대가 후쿠자와 유키치처럼 한 몸으로 두 삶을 산다고 느끼게 될 것이다. '두 가지 삶'의 후반기, 즉 2020년 이후는 1975~1980년생 이후의 세대가 중심이 되어 창조하는 미래다. 필자 세대는 낡은 가치관을 가지고도 어떻게 해서든지 버티며 살 수 있는 '막차 세대'이다.

시대가 격변할 때 가장 조심해야 할 부류가 우등생이다. 우등생은 낡은 구조에 가장 잘 적응한 사람들이기 때문이다. 우등생은 40~45세 사이의 어느 시점에 '한 몸으로 두 삶을 사는' 완벽하게 변해 버린 세상에 내던져지게 될 경우 도태될 가능성이 가장 높다.

최근에 젊은이들과 자주 접촉하면서 느끼는 것은, 우등생일수록 머릿속에 낡은 가치관이 뿌리 깊게 박혀 있다는 것이다. 반대로 말하자면 낡은 가치관을 굳게 믿었기 때문에 좋은 학교와 대기업으로 향하는 인생의 레일을 열심히 달렸던 것이다. 또한 그렇기 때문에 지금 벌어지고 있는 변화에 대해서 냉철히 거리를 둘 수 있는 것인지도 모른다. 당장 내일부터 180도 변할 필요는 없지만 낡은 가치관을 조금씩이라도 의심해 보는 자세가 필요하다.

7장

웹 진화와 새로운 삶의 방식

'낡은 직업'과 '새로운 직업' 사이에 우열이 있는 것은 아니다. 과거부터 존재해 온 낡은

직업은 역사가 긴 만큼 그 분야의 규칙이 확고하다. 안정돼 있고 미래도 예측하기 쉽다.

반면 새로운 직업은 불안정하고, 계속 존속할지조차 확신하기 어렵다. 미래도 불투명하다.

대신 무엇이건 가능하다는 자유로움이 있다. 과거를 되돌아보면 변화하는 시대에는 언제

나 새로운 직업이 탄생했다. 하지만 새로운 직업을 자신의 미래로 선택하기에는 불안한 점

이 많다. 그 실체가 낡은 직업만큼 명확한 모습으로 다가오지 않기 때문이다. 새로운 길로

나아가느냐의 여부는, 자신이 얼마만큼 미지의 세계를 즐길 수 있는지를 기준으로 결정해

야 한다고 본다.

'새로운 직업' 대 '낡은 직업'

'또 하나의 지구'가 발전해 감에 따라, 간절히 원하는 일을 할 수 있는 '지향성 공동체'에 참여하거나 충실한 지적 생활을 보낼 수 있는 새롭고 다양한 가능성이 열릴 것이다. 그러나 우리들은 이슬만 먹고 살 수는 없는 존재다. 시대 변화의 큰 길목에 서서 반드시 생각해 보아야 할 것이 '끼니를 해결하는 문제'이다. 즉 강한 직업의식을 지니고 살아야만 한다는 이야기다.

앞으로 현실 세계와 인터넷 세계의 경계점에 매우 복잡한 경계 영역이 수없이 생겨나고, 그곳에 새로운 직업이 무수히 등장할 것이다. 그러나 그 새로운 직업이 어떤 것인지를 미리 정의하기는 어렵다. 그것은 새로운 세계에 뛰어든 당사자가 암중모색하며 만들어 가야 하는 것이기 때문이다.

'낡은 직업'과 '새로운 직업' 사이에 우열이 있는 것은 아니다. 과거부터 존재해 온 낡은 직업은 역사가 긴 만큼 그 분야의 규칙이 확고하다. 안정돼 있고 미래도 예측하기 쉽다. 반면 새로운 직업은 불안정하고, 계속 존속할지조차 확신하기 어렵다. 미래도 불투명하다. 대신 무엇이건 가능하다는 자유로움이 있다.

과거를 되돌아보면 변화하는 시대에는 언제나 새로운 직업이 탄생했다. 하지만 새로운 직업을 자신의 미래로 선택하기에는 불안한 점이 많다. 그 실체가 낡은 직업만큼 명확한 모습으로 다가오지 않기 때문이다. 새로운 길로 나아가느냐의 여부는, 자신이 얼마만큼 미지의 세계를 즐길 수 있는지를 기준으로 결정해야 한다고 본다.

S라는 가상의 인물을 설정해, 새로운 직업과 낡은 직업에 대

해 비교해 보자.

　　S는 국내 대학에서 이공 계열을 전공한 사람이다. 그는 우주 개발이라는 어릴 적부터의 꿈을 이루기 위해 스탠퍼드 대학 항공 우주 공학 대학원에 진학했고, 박사가 되기 위해 연구에 몰두하는 나날을 보내고 있다. 하지만 졸업 후의 일을 생각하면 마음이 무겁다. 전문 분야를 살릴 수 있는 '낡은 직업(보잉 등의 대기업에 취직하거나, 대학 교수 또는 NASA 직원으로 일하는 것)'은 채용의 문이 좁다. 내로라하는 미국 학생들도 그 좁은 고용의 문을 통과하기 위해 치열하게 경쟁하고 있다. S의 전문 분야는 '열(熱)과 제어'이다. 그러던 어느 날 S는 우연히 '구글'에 자신이 할 수 있는 일이 있음을 알게 됐다. 구글이 구축 중인 거대 컴퓨터 시스템의 최대 과제가 바로 열처리라는 것이다. 바야흐로 새로운 직업이 탄생하려 하고 있었다.

독자 여러분은 S가 낡은 직업과 새로운 직업 중 어떤 길을 택해야 한다고 생각하는가. 또 S는 과연 어떤 결정을 내릴 것인가. '아직 그 누구도 경험하지 못한 구글의 새로운 업무가 재미있을 것'이라고 생각할까, 아니면 '항공 우주 공학 분야에서 박사 학위까지 딴 사람이 그따위 일을 한다는 것은 아깝다'라고 생각할까. "낡은 직업은 높고 험난한 길이며, 새로운 직업은 거친 산길이다."라고 일률적으로 말할 수는 없다. 하지만 이 경우는 그런 관점에서 보아도 큰 문제가 없을 것 같다.

　　위의 상황에서 S가 구글에 취직한다는 것에 대해 아무런 흥미가 생기지 않고 공감하지도 않는 사람이라면 규칙이 확고히 정해진 '낡은 직업'을 선택하라고 권유하고 싶다. 쇠퇴의 길로 접어들었다고 평가받는 업종일지라도 하루아침에 세상에서 사라지는 것은 아니다. 자신의 성향이 낡은 직업을 지향하고, 또 그 분야에서 열심히 살아갈 자신이 있다면 낡은 직업이 갖는 가능성은 앞으로도 적지 않다. 또한 낡은 직업을 통해 생계의 안정을 확보하면서 다른 한편으로 또 하나의 지구와 관련을 맺는 삶의 방식도 가능하다.

실리콘밸리의 필자를 찾아오는 대학생들은 곧잘 이런 고민을 털어놓는다.

"『웹 진화론』을 읽으면서 인터넷 저쪽 편 세상에 대한 흥분을 가눌 길이 없었다. 하지만 교수나 부모가 원하는 취직자리는 모두 이쪽 편 세계에 있다. 어떻게 해야 할지 고민이다."

그럴 때면 S의 예화를 들려주면서, 낡은 직업에 애착이 가는지, 아니면 새로운 직업에 도전하는 것에 끌리는지 솔직히 말해 달라고 부탁한다. 그 답변을 기준 삼아 나의 의견을 제시하는 것이다.

필자는 20세 때, 암에 걸려 삶이 얼마 남지 않은 아버지와 평생 잊지 못할 대화를 나누었다. 나는, 아버지가 세상을 떠나기 전에 기필코 듣고 싶었던 얘기가 있었다. 내 아버지는 젊었을 때 순수 문학 분야에서 상을 받고 작가 생활을 시작했는데, 언제부턴가 소설을 쓰지 않게 되었다. 라디오가 등장하자 라디오 드라마를, TV 초창기에는 TV 드라마를 썼던 것이다. 그러다가 1960년대 초반에 광고 산업이 발달하자 이번에는 광고의 세계에 뛰어들었다. 또 1960년대 후반에는 TV 정보지를 창간해 운영하다가 도산하는 등 한마디로 파란만장한 인생을 보냈다. 나는 아버지가 왜 순수 문학을 버리고 끊임없이 새로운 분야에 뛰어들었는지, 그리고 인생을 마감하는 시점에서 그러한 당신의 결정을

어떻게 생각하는지 알고 싶었다. 아버지는 거침없이 대답했다.

"그 일이 재미있었기 때문이지."

아버지는 '새로운 세계는 새롭게 들어오는 사람들을 소중히 대해 준다.'고 했다.

"무엇보다, 새로운 세계는 재미있고 즐거웠어. 새로운 세계를 따라 인생길을 걸어온 것에 대해 후회는 없다."

아버지가 세상을 떠나고 몇 년 뒤, 나 역시 아버지처럼 새로운 직업(경영 컨설턴트, Entrepreneur, 벤처 캐피털리스트)을 새로운 환경(외국 기업, 실리콘밸리, 인터넷 공간 등)에서 추구하게 됐다. 하지만 새로운 직업을 전전하며 거친 산길을 걸었던 아버지의 삶의 방식과 가치와 의미를 20세 때는 이해하지 못했다.

아버지의 말씀은 나에게 삶의 전기가 찾아올 때마다 큰 도움이 됐다. 아버지와 그런 대화를 할 수 있었던 것이 너무나 좋았다. 나도 학생들에게 "설령 모든 사람이 추천하는 진로에서 벗어났더라도 새로운 직업과 거친 산길의 가능성이 있다."는 이야기를 설사 그들이 이해하지 못할지라도 반드시 해 주리라 다짐한다.

웹 리터러시를 습득하라

현실 세계와 인터넷 세계의 경계 영역에서 살아 나가는 데 필요한 능력을 충분히 갖춘 사람은 아직 많지 않다. 경계 영역에서 어떤 능력이 필요한지조차 아직 명확히 정의되어 있지 않다.

예를 들어 일본 최대의 인터넷 비즈니스 업체인 야후 저팬의 종업원 현황과 모집 직종을 살펴보면 이 분야의 모호성이 잘 드러난다.

야후 저팬의 종업원은 2007년 6월 말 현재 2,600명이 조금 넘는다. 그들은 대부분 새로운 직업에 종사하는 사람들이라고 할 수 있다. 이 회사 홈페이지의 경력자 채용 정보(http://hr.yahoo.co.jp/1/)를 보면 그런 점이 좀 더 명확히 드러난다.

모집 직종은 연구 개발, 엔지니어, 기획 및 제작, 웹 디자이너, 영업·영업 기획, 업무 지원, 고객 지원, 서퍼·편집·QA(품질 보증), 마케팅, 스태프 등이다. 얼핏 보면 이 중에서 생소한 직종은 웹 디자이너와 서퍼 정도인 것 같지만, 사실 스태프 이외의 모든 부문이 10년 전에는 존재하지 않았던 것으로, 인터넷과 관련해 새롭게 생긴 직종이다. 예를 들어 영업이나 영업 기획은 현실 세계의 영업이나 영업 기획과는 판이하게 다른 일이다. 이들에게 현실 세계의 경험은 직접적인 도움이 되지 않는다. 인터넷 광고라는 새로운 구조를 이해해야만 일을 해낼 수 있다.

심지어는 인터넷 벤처 기업이 특정 분야의 업무를 담당할 사람을 모집하려 해도, 그 업무에 해당하는 단어 자체가 없는 경우도 많다. 비슷한 직종을 현실 세계의 기업에서 찾아내 구인 광고를 하면 실제로는 그 업무를 전혀 할 수 없는 사람이 응모하기도 한다. 웹 2.0 커뮤니티 서비스와 관련된 창조적 직종의 경우 적절한 직업 명칭조차 존재하지 않는다. 20여 년 전 애니메이션 업체가 겪었던 것과 유사한 상황이다. 새로운 것이 태어나는 주변에는 새로운 직업을 둘러싼 혼돈이 벌어지기 마련이다.

독자 여러분의 나이를 18세라고 가정해 보자. 인터넷을 좋아하고 인터넷과 관련된 일을 하고 싶지만, 과연 그것이 직업이 될 수 있을지 확신이 서지 않는다. 그런 18세에게 어떤 조언을 할 수 있을까.

고바야시 히데오(小林秀雄)는 「작가 지망생에게 보내는 조언」(『고바야시 히데오 전작품 4』, 新潮社)이라는 글에서 다음과 같이 말했다.

문학 지망생에 대한 조언을 요청받은 기쿠치 히로시(菊池寬. 소설가이자 극작가로 일본의 대표적 문학상인 아쿠타가와 상과 나오키 상을 제정했다)는 이렇게 말했다.

"앞으로 소설을 쓰려는 사람은 최소한 한 가지 외국어를 배워라."

그 글을 읽고 실로 간결하고 명확하며 적확한 충고라고 감탄했었다. 이런 것이 바로 진정한 조언이다. 마음먹기에 따라 당장 내일부터라도 실행할 수 있고, 실행할 경우 실익을 주는 그런 말을 진정한 조언이라고 하는 것이다.

'최소한 한 가지 외국어를 배우라'에 해당하는 웹 시대의 조언은 무엇일까. 나는 주저 없이 "웹 리터러시(literacy. 해독력)를 습득하라"라고 조언할 것이다. 이 능력이야말로 현실 세계와 인터넷 세계의 경계 지역에 살면서 새로운 직종에 취직할 가능성을 넓혀 주는 일종의 여권이라고 생각하기 때문이다.

웹 리터러시란 이런 것이다.

❶ 인터넷 세계가 움직이는 구도와 원리를 상세하고 철저하게 이해한다.

❷ 웹에서 표현하고 싶은 것을 바로 실행할 수 있는 사이트 구축 능력을 갖추었다(블로그에 글을 올리는 것과는 다르다).

❸ "웹상의 분신을 통해 돈을 번다"(『웹 진화론』, 제1장)는 말을

들으면 바로 자판을 두드리고 마우스를 움직이며, 거기에 나시 새로운 기술을 투입하면서 사이트를 만드는 실험을 할 수 있다. 광고 수입의 정확한 흐름을 포함해 '버추얼 경제권'이 어떤 구조로 움직이는지 깊이 이해한다.

❹ 웹상에 넘쳐흐르는 새로운 기술을 독학으로 깨우칠 수 있을 정도로 IT와 웹에 대한 이해와 프로그래밍 능력을 갖추고 있다.

이 정도라면 마음먹기에 따라 내일부터라도 당장 실행할 수 있고, 그에 따른 실익도 얻을 수 있을 것이다. 웹 리터러시의 습득은 독학이 적성에 맞는 사람과 젊은이에게 유리한 영역이다. 그리고 앞으로 수십 년에 걸쳐 '경계 영역의 수요'가 온갖 곳에서 창출될 것이기 때문에 다른 기술에 비해 효용 분야가 넓다. 더불어 웹 리터러시는 하고 싶은 일을 지적 생산으로 연결시키는 데 필요한 핵심 기술이기도 하다. 일하면서 동시에 웹 리터러시를 익힐 수 있는 직장을 선택하는 것도 전략적 사고방식이다.

새로운 고용 형태의 탄생

새로운 직업은 시행착오 끝에 태어난다. 따라서 실제로 미래가 현실이 되기 전에는 그 전체적인 모습을 일목요연하게 파악할 수 없다. 현재 진행 중인 첨단 직업을 통해 미래 직업의 한 단면을 그려 보기로 하자.

제2장에서 'Ruby'의 창시자 마쓰모토 유키히로의 사례를 통

해 오픈소스를 개발하면서 생계를 꾸려 가는 삶의 방식에 대해 간단히 소개했다. 최근에는 오픈소스 프로젝트 분야에서 활약하는 프로그래머가 현실 세계의 기업에 고용되는 경우가 서서히 증가하고 있다. 이 같은 현상이 갖는 의미가 무엇일까.

이것은 우선 오픈소스 프로젝트가 일종의 ‘등용문’ 역할을 하게 되었음을 의미한다. 블로그에 ‘지적 생산의 성과’를 공개한 결과 실력을 인정받아 기업에 고용되는 현상과 비슷하다. 소프트웨어 개발자를 고용할 일류 기업이 없는 국가에 사는 프로그래머가 오픈소스 프로젝트에서 두각을 나타내면 미국 등 선진국 IT 기업에 고용되는 사례도 늘고 있다. 이것이 바로 등용문이 아니고 무엇일까.

오픈소스 프로젝트는 프로그래머의 능력을 증명할 수 있는 무대이다. 오픈소스 프로젝트 덕에 취직을 하게 되면 일단은 해당 기업에서 일반적인 업무를 평범하게 수행한다. 하지만 일반적인 상식으로는 이해하기 힘든 재미있는 현상이 벌어지게 되는데, 말하자면 ‘투 잡’을 떳떳하게 가질 수 있게 되는 것이다.

마쓰모토 유키히로의 경우, 현실 세계의 신분은 ‘네트워크 응용 통신 연구소 연구원’이다. 하지만 그는 하루 24시간을 자신의 의지대로 자유롭게 사용할 수 있다. 즉, 연구소에서 월급을 받으면서도 취직 전 자신이 매진했던 ‘Ruby’ 개발을 계속하는 것이다. 네트워크 응용 통신 연구소는 마쓰모토에게 직접 과제를 제시하거나 일을 시키지 않는다. 왜냐하면 그들이 마쓰모토를 고용한 것은, 오픈소스 세계에서는 세계적인 인물인 마쓰모토를 영입함으로써 얻을 수 있는 부차적인 효과(다른 우수한 인재 영입, 프로젝트 수주 등)를 기대한 것이기 때문이다. 조직과 고용인 사이에 예전에는 없던 새로운 관계가 설정된 것이라고 볼 수 있다.

또 한 가지 사례는 최근 구글에 고용된 앤드루 모턴의 경우다. 모턴은 리눅스 프로젝트의 창시자 리누스 토발즈의 오른팔이라 불렸던 프로그래머다. 구글은 모턴을 고용했지만, 그가 구글과 직접 관련된 일을 하길 기대했던 것은 아니다.

모턴은 'ITpro'라는 IT 정보 사이트에 실린 〈리누스의 오른팔이 말하는 구글에서의 업무〉라는 제목의 인터뷰 기사(http://itpro.nikkeibp.co.jp/article/Interview/20070330/267048/)에서 "리눅스 커널 업무와 구글 업무에 각각 몇 퍼센트의 시간을 할애하고 있느냐"는 질문에 "90퍼센트는 리눅스 커널의 퍼블릭 업무를 보고 있습니다. 나머지 10퍼센트가 구글의 업무입니다."라고 답변했다. "왜 구글은 당신을 고용한 것일까요?"라는 질문에는 "저도 그 점이 궁금합니다. (웃음) 아마도 제가 다른 엔지니어들에게 힘이 될 수 있기 때문이 아닐까 생각합니다. 예를 들어 프로그램의 성능 문제로 고민하고 있는 어플리케이션 엔지니어들에게 리눅스 커널을 통해 유효하게 이용할 수 있는 방법을 조언하는 식이지요."라고 대답했다.

오픈소스 프로젝트가 성공해서 전 세계적으로 이용자가 늘어나고 세계적인 IT 인프라가 되면 그 프로젝트의 창시자나 핵심 멤버가 특정 기업에서 일한다는 것 자체가 의미를 갖는다는 얘기다. 그렇기 때문에 마쓰모투나 모턴은 기업에 고용된 몸이면서도 시간의 대부분을 Ruby 개발이나 리눅스 커널 관련 업무에 사용하는 것이 허용된다. 개인이 인터넷에서 뛰어난 능력을 발휘하면 기업들은 그가 창출하는 부차적인 효과를 얻기 위해 고용하여 월급을 주면서도 시간 사용이나 업무는 본인에게 일임

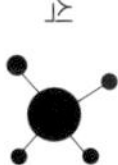

한다……. 가히 새로운 고용 형태의 탄생이 아닐 수 없다. 이렇게 오픈소스 세계에서 공공적인 일을 하면서도 경제적인 문제를 해결해 나가는 '작은 싹'을 통해 새로운 직업, 새로운 '조직과 개인의 관계'의 가능성을 엿볼 수 있다.

논픽션 미디어 기업인 디스커버리 커뮤니케이션즈는 2007년 8월, 월간 방문자가 140만 명에 이르는 환경 관련 블로그 'TreeHugger.com'을 1,000만 달러에 매수했다. 3년 전 이 블로그를 창시한 그레이엄 힐(Graham Hill)과 그의 스태프들도 디스커버리의 산하에 들어갔지만, 이 블로그를 운영하는 것은 여전히 그들 소관이다. 이것 역시 또 하나의 새로운 고용 형태이다. 나는 개인적으로 이러한 새로운 고용 형태가 비영리 프로젝트의 리더와 핵심 멤버에게 더욱 많이 적용되길 기대한다.

"지금 '오픈소스로 밥벌이를 하겠다'고 말하면 '불가능한 꿈'이라는 말을 들을지도 모른다. 그러나 그리 머지않은 미래에 그것은 '쉽지는 않지만 실현 가능한 꿈'이 될 것이라고 굳게 믿는다."

제2장에서 마쓰모토의 이 말을 소개했다. 마쓰모토가 말하는 '쉽지는 않지만 실현 가능한 꿈'이란 바로 이와 같은 새로운 고용 형태를 말하는 것이 아닐까.

지향성 공동체의 비즈니스 모델

제2장에서 크레이그스리스트(craigslist)의 크레이그 뉴마크를 예로 들며, 웹 2.0 시대의 리더와 스몰 비즈니스 사이에 강력한 연관성이 있다는 가설을 제시했었다. 또 훌륭한 리더들이 멋진 지

향성 공동체를 만들고, 리더와 오른팔들이 그 공동체를 생업으로 삼을 가능성도 살펴봤다.

웹 2.0과 지향성 공동체는 양쪽 모두 서비스 제공자와 리더 주위에 다수의 참가자들이 모여들어야 성립될 수 있다. 그리고 핵심 기업 및 리더와 참가자 사이의 강한 신뢰가 필수 조건이다. 거기에 더해 규모와 기술, 편리성 면에서 탁월한 상품을 제공할 수 있다면 스몰 비즈니스를 넘어서는 거대 사업으로까지 발전할 수 있을 것이다. 위키피디아와 크레이그스리스트는 광고 수입을 희생하면서까지 신뢰를 중시한 결과 큰 성공을 거두었다. 이 두 사례를 볼 때, 지향성 공동체의 비즈니스 모델로는 단기간에 막대한 부를 안겨 주는 벤처 비즈니스보다 스몰 비즈니스(사업 내용에 따라서는 비영리 조직)가 적합한 것으로 보인다.

머지않아 '못 견디게 좋아하는 일에 매진함으로써 생계가 해결되는 미래형 직업'이 현실 세계와 인터넷 세계의 경계 영역에 탄생할 것이다. 그리고 이 새로운 직업이 탄생할 때, 지향성 공동체의 리더는 스몰 비즈니스 오너의 모습을 띠게 될 것으로 보인다.

『뉴욕 타임스』에 실린 〈섹스, 마약, 그리고 블로그를 갱신하는 것〉(2007년 5월 13일)이라는 기사는 신세대 아티스트들의 생계 해결 방법과 스몰 비즈니스의 존재 방식을 다뤘다. 그리고 그 구체적인 사례로 뉴욕의 뮤지션 조너선 콜턴(36)을 소개했다.

콜턴의 블로그(http://www.jonathancoulton.com/)를 참고하여 그가 실현한 새로운 직업을 살펴보자. 콜턴의 본래 직업은 프로그래머지만 그는 뮤지션을 꿈꾸며 살아왔다. 2005년 9월, 그는 결국 직장에 사표를 내고 꿈을 실현하기 위해 나섰다. 생계는 부인의 수입에 의존했다. 일주일에 한 번씩은 반드시 블로그에 자

신이 작곡하여 녹음한 곡을 올렸고, 누구나 그것을 공짜로 다운받을 수 있도록 했다. 굳이 돈을 내겠다는 사람이 있으면 받았다. 그의 블로그가 서서히 입소문을 타면서 접속자가 늘었고, 더불어 그의 라이브 공연에도 관객이 모여들기 시작했다. 평범하지만 성실하게 활동을 계속하자 매일 3,000명 가까운 사람들이 이 블로그를 방문하게 되었고, 인기 있는 곡은 다운로드 누적 횟수가 50만 건에 달했다. 월수입도 3,000~5,000달러를 꾸준히 유지하게 되었다. 즉, 블로그만으로 생계유지가 가능해진 것이다.

콜턴이 추구하는 것은 메이저 레코드 회사와 계약하여 대박을 터뜨리는 유형의 뮤지션이 아니다. 인터넷상에 지향성 공동체를 만들고, 그것을 팬과 하나가 되는 친밀한 공간으로 관리하면서 생계를 꾸려 가는 것이 그가 꿈꾸는 생활이다. 수입은 다운로드와 CD 판매(CD 소량 생산 및 유통 서비스를 이용한다)가 70퍼센트, 라이브 티켓 판매가 18퍼센트이며 나머지는 티셔츠 등을 온라인으로 판매함으로써 얻는다. 다시 말해, 수입의 대부분을 '돈을 내지 않아도 되지만 굳이 돈을 내겠다는 팬들의 자발적인 지불'이 차지하는 것이다.

어떻게 이런 일이 가능할까. 콜턴은 매일같이 블로그에 글과 노래를 올렸고, 조금씩 뜨거워지는 팬들의 반응을 지켜봤다. 그러는 동안 그는 매우 중요한 사실 하나를 발견했다. 그것은 팬들, 그중에서도 특히 젊은 세대는 아티스트와 친구가 되고 싶어한다는 사실이었다.

콜턴은 하루 평균 100통에 이르는 팬 메일에 전부 답장을 보냈다. 또한 블로그를 통해 매일같이 자신의 일상을 이야기했고,

자신이 쓴 곡을 올렸다. 팬들이 서서히 후원자로 변해 갔다. 한 그래픽 아티스트는 공짜로 그의 블로그를 위한 일러스트를 만들어 제공했다. 라이브 공연을 녹화해서 프로모션 비디오를 만든 뒤 유튜브에 올리는 팬도 나타났다. 길거리 라이브를 기획해 주는 팬까지 생겼다(라이브에 100명의 관객이 모이면 콜턴의 수입은 1,000달러가 된다). 그가 "돈을 좀 더 벌려면 어떻게 해야 할까?"라는 질문을 블로그에 올리면 다양한 팬들이 각양각색의 아이디어를 내놓았다. 콜턴은 마치 24시간 무대 위에 서서 팬들과 접속하는 듯한 충실감을 갖게 되었다. 그는 지금도 매일 몇 시간씩 인터넷에서 활약하는 풀타임 뮤지션으로서 살아가고 있다.

콜턴의 사례를 고속도로론에 적용하자면 그는 '고속도로의 대정체' 부근까지, 즉 프로의 직전까지 달려간 사람일 것이다. 그는 특급 뮤지션으로서 성공을 추구하는 '높고 험한 길' 대신 거친 산길을 선택했다. 뮤지션으로서의 기본적인 실력, 프로그래머라는 과거 직업을 통해 익힌 웹 리터러시, 거친 산길을 걷는 데 필요한 대인 능력, 불특정 다수를 신뢰하는 마음에서 나오는 커뮤니케이션 능력, 현실과 인터넷 사이를 창조적으로 오가며 무엇이건 해 보는 행동력, 그리고 자신이 좋아하는 것을 포기하지 않는 근면함……. 이러한 능력과 경향과 기술을 조합함으로써 콜턴은 자신의 음악과 관련된 작은 지향성 공동체의 리더로서 생계를 꾸려 나갈 수 있는 스몰 비즈니스를 운영하게 된 것이다. 그의 인생이 앞으로 어떻게 전개될지는 모르겠지만, 인기가 좀 더 많아져서 지향성 공동체의 규모가 커진다면 여러 명을 고용할 수 있는 스몰 비즈니스로 발전할지도 모를 일이다.

반도체 회사에서 영업 업무를 담당하던 나의 지인은 자신이 살던 동네를 떠나 테네시 주 내슈빌로 이사했다. 뮤지션 활동을 하는 친구의 매니저가 되기 위해서였다. 지인의 친구는 콜턴보다 조금 더 인기 있는 가수이다. MySpace상의 친구와 팬이 14만 명에 달한다고 한다. 가수가 직접 팬을 관리하기 어려울 정도로, 즉 스몰 비즈니스 규모로까지 팽창했기 때문에 지인을 고용하게 된 것이었다. 내슈빌은 음악의 할리우드라 할 수 있는 곳으로, 다양한 장르의 뮤지션들이 모여든다. 스튜디오도 염가에 빌릴 수 있는 등 인프라가 정비된 곳인 듯했다.

야구, 축구, 장기, 바둑, 음악, 연극, 무용 등의 스포츠·문화·예술에서 중국차, 퀼트, 도예 등의 취미·기호품 세계에 이르기까지, 인터넷 탄생 이전부터 이미 지향성 공동체와 유사한 것이 형성되어 있는 분야가 있다. 이 세계는 조직을 만드는 사람과 플레이어, 제작자, 팬, 애호가 모두가 해당 분야를 좋아하는 사람들로 구성되어 있다. 또한 일정 규모 이상의 돈이 돈다. 여기에 웹 리터러시가 경영에 투입됨으로써 좀 더 마이크로한 수준에서도 새로운 지향성 공동체가 생겨나게 되었다. 그 결과 시장이 확대되고 새로운 직업이 생겨나 하고 싶은 일만 해도 끼니가 해결되는 사람들이 늘고 있다. 이런 곳에서는 제2, 제3의 콜턴이 즐기면서 시장을 창조하고 고용을 창출한다. 그리고 불특정 다수의 팬들을 신뢰한다. 이 경우 공동체의 일체감을 조성하기 위해서는 스몰 비즈니스적 경영(혹은 비영리 조직 경영)과 웹 2.0적 발상 및 리더십, 이를 구현하기 위한 웹 전략, 신뢰를 유지하기 위한 끝없는 노력이 필요하다.

'스몰 비즈니스' 대 '벤처'

인터넷 하면 떠오르는 것들 중 하나가 '인터넷 벤처'이다. 나는 『웹 진화론』에서도 "오늘의 젊은 세대들이 구글을 추격하는 벤처를 앞 다투어 창조하길 희망한다"고 이야기한 바 있다. 그러나 웹 진화와 새로운 직업 간의 관계를 생각할 때, 벤처 기업은 예외적이자 특수한 존재로 인식해야 한다.

예를 들어 '스몰 비즈니스를 구축하는 것'과 '벤처 창업'은 전혀 다른 것이다. 전자는 기존 업무와 생활의 연장선상에서 추구할 수 있는 '캐주얼한' 것이다. 이에 비해 후자는 중대한 결심과 책임이 뒤따르는 기한부 비즈니스 게임이다.

스몰 비즈니스는 사업의 성장이 창업자와 경영자의 라이프스타일과 관련되어 있다. 투자는 이익의 범위 내에서 원하는 만큼만 하면 된다. 극단적으로 말하자면 성장을 중시하지 않아도 된다.

반면 벤처 창업자는 융자가 아니라 투자(리스크머니)로 자금을 조달한다. 즉, 창업자는 실패했을 때 갚지 않아도 되는 돈을 얻어 창업을 하고, 투자자는 그 벤처의 주식을 보유한다. 무(無)에서 시작해서 '큰 가능성을 갖춘 성장 사업을 단시간 내에 창조한다'는 목표를 향해 비즈니스 게임을 벌이는 것이다. 그 게임의 목표는 창업 7년 이내에 주식을 공개하거나 사업체를 고가로 매각하는 것이다. 이 목표가 달성되지 않으면 투자자들은 보유 주식을 돈으로 바꿀 수 없다. 그래서 항상 시간에 쫓기는 치열한 나날이 계속된다. 설사 어느 정도 성과를 올리더라도 기대치에 미치지 못하거나 성장 속도가 늦다면 강제적으로 사업을 매각해야 하는 경우도 있다. 창업자와 투자자, 벤처 기업 직원 모두가 그러한 규칙에 동의하는 비즈니스 게임인 것이다. 일본에서 벤처 기업의 역사는 10여 년에 불과하다. 그리고 리스크머니와 관련된 벤처 캐피털 등의 업무도 10년 안팎의 역사를 지닌 새로운 직업이다.

나는 과거부터 벤처 경영의 메카인 실리콘밸리에 대해 '세계의 한구석에 자리 잡은 작고 빛나는 장소'라고 평가해 왔다(『실리콘밸리 정신』, 筑摩文庫). 거대한 국가 경제의 한구석에 예외적인 규칙에 따라 움직이는 벤처 경제가 존재하고 있다는 것은 작지 않은 의미가 있다.

그러나 모든 사람이 벤처 창업과 경영을 추구할 필요는 없다. 벤처는 인생의 한 시기에 과감히 일해서 성공을 거두고 여생을 시간적·경제적 여유 속에 자유롭게 살고 싶어 하는 사람이 선택할 수 있는 여러 방법 중 하나일 뿐이다. 즉, 인생을 좀 더 자유롭게 만들어 주는 선택지라는 이야기다.

비즈니스 세계는 예술가나 프로 스포츠 선수와 달리, 천부적인 자질이 없어도 성공할 가능성이 있는 곳이다. 노력하면 그에 상응하는 보답을 얻을 수 있다는 의미에서 누구에게나 열려 있는 장소다. 물론, 어떤 면에서는 프로 스포츠 세계와 비슷하다. 단기 결전형 하이 리턴과 대박의 가능성이 있는 세계이기 때문이다. 그런 기회를 잡는 데 주저할 필요는 없을 것이다.

제6장 「자신에게 맞는 조직을 선택하는 법」 항목에서는 스몰 비즈니스와 벤처를 구별하지 않고 뭉뚱그려 '작은 조직'이라고 표현했다. 창업자가 아니라 사원으로서 참가한다면 스몰 비즈니스나 벤처나 별 차이가 없기 때문이다. 일반적으로 '벤처는 성공을 거뒀을 때 매우 큰 금전적 보상이 따른다'고들 생각한다.

그러나 대단한 성공이 아닐 경우 일반 사원이 스톡옵션 등을 통해 얻는 대가는 스몰 비즈니스가 잘 굴러가서 나오는 보너스와 큰 차이가 없다.

세상에는 목표를 달성하지 못할 가능성이 큰 소규모 조직이 수도 없이 많다. 이들 중 투자자에게 자금을 조달해 성장을 추구하는 벤처 기업은 창업자가 개성적이고 매력적인 경우가 많다. 그런 곳에서 근무하다 보면 비교적 최첨단 분야를 개척하게 될 기회도 적지 않다. 더구나 그 벤처 기업이 업계에서 '전망 좋은 장소'를 차지하고 있다면 그곳에서 몇 년 정도 근무하는 것이 경력 관리에도 도움이 된다. 흥미로운 사람과 만날 가능성도 높다. 젊은 시절에는 금전적 동기보다 이런 무형의 가치를 중시하는 편이 낫다고 본다. 벤처 기업에서 일한다는 것은 긴장감 넘치는 업무 환경에 노출되는 것이다. 개인이 성장할 수 있는 무대라고 생각하는 편이 정확할 것이다.

빌 게이츠, '세계의 불평등' 시정에 도전하다

빌 게이츠는 2006년 6월, 자신이 창업한 마이크로소프트의 경영 일선에서 2008년에 물러날 것이라고 발표했다. 당시 51세였던 게이츠는 은퇴 후의 긴 여생을 '빌 앤드 멜린다 게이츠 재단(이하 게이츠 재단)'의 운영에 전념할 것이라고 밝혔다.

게이츠에 이어 세계 제2의 부호(당시)인 워런 버핏도 자기 재산의 대부분인 310억 달러를 게이츠 재단에 기부했다. 버핏은, 정부나 국제기구보다는 게이츠가 실현하고자 하는 기업가 정신(Entrepreneurship)과 합리적 경영에 재산을 맡기는 것이 부(富)

의 사회 환원의 의미를 제대로 살려 줄 것이라고 믿었던 것이다.

버핏의 기부로 게이츠 재단의 운용 자산은 600억 달러, 연간 출연금은 30억 달러 규모에 이르게 되었다. 400억 달러가 넘는 게이츠의 개인 자산도 재단 기금으로 들어가게 된다.

게이츠는 은퇴 후, 1,000억 달러 규모의 운영 자금에서 해마다 나오는 30억~50억 달러의 출연금을 가지고 전 세계의 투자처(의료·교육 등의 분야) 중에서 선정한 프로젝트로 자선 사업 포트폴리오를 짠다. 개개의 프로젝트를 '경영'함으로써, 투자 대비 경제 효과가 아니라 기부 대비 사회 공헌 효과의 최대화를 추구하는 것이다. 이것은 가히 '아무도 시도하지 않았던 미지의 영역'에 발을 들여놓는 일이라고 할 수 있다.

게이츠는 최근 연설을 통해 "2008년 7월, '세계의 불평등'을 시정하기 위한 새로운 사업에 착수할 것"이라고 말했다. 그가 도전할 새로운 영역에서는 아직 기술이나 인터넷의 잠재력이 전혀 발휘되지 않고 있다는 것이 게이츠의 생각이다. 그에게는 지금까지 세계를 움직여 온 정치·사회 시스템이 불합리하고 비효율적이며 붕괴되어 가는 존재로 비친다.

"비즈니스 세계에서 그렇게도 교활했던 게이츠가 자선 사업을 하겠다니……."

"세계 최고의 자산가가 세계의 빈곤과 싸우겠다고?"

"IT 산업에서 성공했다고 세계의 정치·사회 시스템을 우습게 보는 건가."

"아마추어가 분수를 모르고 덤비는군."

세상은 그에게 이런 비판을 퍼부을지도 모른다. 그러나 나는 그의 변신에 큰 기쁨을 느꼈고, 그의 진심을 믿으며, 그의 도전에 응원을 보내고 싶다. 도전이 큰 결실을 이루어서 세계의 기업가들에게 은퇴 생활의 멋진 롤 모델이 되길 기대한다.

세계의 난제 해결에 인터넷이 본격적으로 활용되는 시대

IT 산업이라는 '작은 호수' 속에서 마이크로소프트는 오픈소스로 대표되는 새로운 흐름의 공격을 받는 기득권자이다. 그러나 빌 게이츠가 은퇴해 한 사람의 '개인'이 되면 오픈소스라는 새로운 흐름을 제대로 이해하는 사회 기업가가 될 것이다.

2006년 7월 게이츠 재단은 에이즈 백신 개발을 위해, 미국과 유럽의 16개 대학 연구 기관에 5년간 2억 8,700만 달러라는 거액을 기부하기로 했다. '연구 성과를 인터넷을 통해 공유하는 오픈소스 방식에 동의하지 않는 기관에는 지원금을 일절 지급하지 않을 것'이라고 게이츠 재단은 공언했다. 지금까지 에이즈 백신 개발은 업체 간 경쟁과 비즈니스 관행, 관료적 자세 등 현실 사회의 복잡한 요인 때문에 소규모 연구팀들이 제각기 진행해 왔다. 게이츠 재단은 이러한 현실을 오픈소스를 통해 타개하려고 마음먹었기 때문에 오픈소스 사고방식에 동의하지 않는 연구기관에는 지원금을 주지 않겠다고 선언한 것이다.

게이츠 재단은 그 규모는 거대하지만 경영 방식은 벤처 캐피털과 닮아 있다. 각 분야의 프로라면 국적과 인종을 불문하고 스카우트하며, 전 세계의 멋진 프로젝트를 조사하고 평가해 지원한다. 그러나 벤처 캐피털보다는 상황이 더 복잡하다. 벤처 캐피털은 목표가 확실하다. 즉 조달한 자금을 늘리면 되는 것이다. 목표가 금융 기관의 그것에서 벗어나지 않는다. 반면 자선 재단

은 규모가 커지면 커질수록 '좀 더 좋은 세상을 만든다는 것이 과연 무엇이냐'라는 철학적·사상적 고민에 빠지게 된다. 또한 재단의 성공을 어떤 척도로 평가해야 하는지도 문제이다. 돈은 버는 것보다 올바르게 사용하는 것이 훨씬 어려우며, 빌 게이츠 또한 그 점을 깊이 자각하고 있다.

구글도 주식 공개 직후, 주식과 이익의 1퍼센트를 자본금으로 하여 빈곤과 에너지, 환경 문제에 도전하는 'google.org'라는 조직을 설립했다. "이 조직이 언젠가는 구글을 능가하는 사회 공헌 조직이 되어 세계의 난제를 혁신적으로 해결하기를 희망한다."고 구글의 창업자들은 말한다. 이 조직의 책임자는 래리 브릴리언트(Larry Brilliant) 박사(1944년생)로, 그는 젊은 시절 10년을 인도에서 보낸 후 1970년대 말에 실명(失明) 퇴치를 위한 비영리 조직을 창설했으며, WHO(세계 보건 기구)의 천연두 박멸 캠페인을 성공적으로 이끄는 등 다양한 분야에서 선구자적 활동을 해 온 의사이자 전염병학자이자 자선가이다. 그의 경험과 리더십, 그리고 웹 진화를 주도하는 구글의 이노베이션은 장차 연결 고리를 찾게 될 것이다.

게이츠 재단과 google.org 등 새로운 유형의 재단이 자선 영역에서 이노베이션을 추구하는 것은 오픈소스와 같은 대규모 협동 작업(mass-collaboration)의 새로운 일 처리 및 협력 방식에 기원을 둔 발상이다. 동시에 그것은 현실 세계의 지구와 '또 하나의 지구'를 창조적으로 오가는 하나의 새로운 가능성이기도 하다. 게이츠는 이제 자신의 새로운 사업의 일환으로 인터넷상의 대규모 협동 작업에 의한 사회 공헌을 추구할 것이다. 그와 같은 작은 '힘의 싹'이 '앞으로의 10년'에 꽃을 피우고, 그 주위에 새로운 직업들이 생겨나길 기대한다. 웹 진화가 진행됨에 따라, '세상을 좋은 곳으로 만들겠다'는 의지가 강한 사람이 정부나 국제기구 등 기존 조직의 영역 바깥에서 활약할 기회가 확대되고 있다. 이것은 너무도 명백한 사실이다.

웹 시대를 간다

현실 세계만으로는 만족하지 못하는 사람들이 현실과 인터넷을 자유롭고 창조적으로 오가

며 좀 더 멋지게 살 가능성과 선택지를 얻게 되는 것은 아닐까. 설사 창조적으로 오가지는

않더라도, 단지 또 하나의 지구가 존재한다는 사실만으로 '언제든지 그곳에 갈 수 있다는

안도감'을 가질 수 있기 때문에 현실 세계에 살면서도 다소 숨통이 트이는 것은 아닐까.

또 하나의 지구가 존재한다는 것만으로도

"만약 지구 상에 미국이란 나라가 없다면, 지구의 다른 편에 사는 우리들도 숨이 막혀 버리지 않을까요."

일본 문학계의 거장 시바 료타로(司馬遼太郎)는 『아메리카 소묘』(新潮文庫) 앞부분에서 고령의 재일 한국인이 했다는 위와 같은 말을 소개한 뒤 다음과 같이 적었다.

지금이나 옛날이나 지구 상 대부분 나라의 사람들은 자국 문화라는 유독 물질에 중독되어 무거운 압박을 느끼며 산다. 그런 상황에서 숨통을 크게 열어 준 것이 15세기 말의 '신대륙 발견'이었다. (중략) 문명인인 것만으로 "당신 OK"라고 하는 마음 편한 커다란 공간이 이 세상에 존재한다는 느낌만으로도, 결코 그곳으로 이주하지 않더라도 언제든지 그곳에 갈 수 있다는 안도감이 모든 인류의 마음속 어딘가에 자리 잡고 있는 것이 아닐까, 이 노인의 짧은 한마디는 그런 의미 같았다.

『아메리카 소묘』는 미국론의 명저이다. 나도 읽고 또 읽었다. 시바 료타로의 재일 한국인 벗은 그가 미국에 간다고 하니까 위와 같은 말을 했다고 한다. 미국과 전혀 관련이 없는 사람이 그런 말을 하자 시바 료타로는 감동했다. 미국이란 나라를 '이주하지는 않더라도, 언제든지 그곳에 갈 수 있다는 안도감을 인류의 마음속에 가져다주는 존재'로 인식한 것이다.

다양한 모순이 산재하는 미국의 모든 것을 긍정할 마음은 없다. 다만, '자유의 여신상' 좌대에 새겨진 "세계의 지친 자, 가난

한 자, 자유로이 숨 쉬고자 하는 자들이여, 내게로 오라!"로 시작되는 에마 라자루스의 시가 상징하는 개방성과 관용의 이상을 나는 좋아한다. 2001년 9·11 테러 이후 사람들은 미국의 내향화와 폐쇄성을 지적하곤 하지만, '인공 국가' 미국의 개방성을 나는 변함없이 매일같이 느끼며 산다.

이 책 곳곳에 등장한 앤드루 그로브는 20세가 되던 1956년, 분쟁에 휩싸인 조국 헝가리를 탈출해 난민 수송선을 타고 미국에 왔다. 미국 땅을 밟는 순간부터 치과와 안경, 보청기 비용에서 대학 학비, 교과서 구입비, 생활비 일부까지 난민 지원 단체가 모두 지원해 줬다. 그는 감격했고 자립을 위해 맹렬히 공부했다. 그리고 '자조 정신'을 가지고 힘차게 성장할 기회를 준 미국에 애국심을 품게 된다(앤드루 그로브, 『내 기업은 망명에서부터 시작됐다』). 나는 이런 이야기를 들으면 왠지 흐뭇해진다.

일반적으로 현실 세계에 대한 만족도가 높은 사람일수록 인터넷에는 별로 관심을 갖지 않는다. 그리고 만족도가 낮은 사람(젊은이들이 대표적)일수록 인터넷의 가능성에 흥분한다. 나는 이 '현실 세계(현실의 지구) 대 인터넷 세계(또 하나의 지구)'의 관계가 '지구 상 대부분의 나라(문화의 세계) 대 인공 국가 아메리카(문명의 세계)' 관계와 구조상 매우 흡사함을 느낀다.

현실 세계만으로는 만족하지 못하는 사람들이 현실과 인터넷을 자유롭고 창조적으로 오가며 좀 더 멋지게 살 가능성과 선택지를 얻게 되는 것은 아닐까. 설사 창조적으로 오가지는 않더라도, 단지 또 하나의 지구가 존재한다는 사실만으로 '언제든지 그곳에 갈 수 있다는 안도감'을 가질 수 있기 때문에 현실 세계에 살면서도 다소 숨통이 트이는 것은 아닐까.

잊지 않아야 할 것은 인터넷 세계가 현실 세계 이상으로 자조 정신이 필요한 곳이라는 사실이다. 학습하는 것, 선호하는 분야를 탐색하는 것, 좋아하는 분야를 추구하는 것, 지향성 공동체의 리더가 되는 것, 지적 생산에 매진하는 것, 좀 더 좋은 사회를 만들기 위해 노력하는 것. 이 모든 것에서 인터넷 세계는 자조 정신에 토대를 둔 부단한 근면을 현실 세계 이상으로 요구한다.

인터넷은 즐겁고 재미있으며 편리하다. 이러한 소비 오락의 대상으로서 인터넷의 가능성도 중요하지만 인터넷과 인생의 진정한 관계는 다가올 미래에 존재한다. 단지 그 미래는 자조 정신이 없으면 보이지 않는다.

'부단한 근면'이라는 표현에서는 '낡은 시대의 냄새'가 난다. 하지만 이 책에서 소개한 여러 가지 사례에서 알 수 있듯이, 웹 진화 초기에 나타난 새로운 리더들의 공통점은 자신이 좋아하는 일, 자신에게 맞는 분야, 자신이 하고 싶어 하는 것에 '부단한 근면'을 자연스럽게 투자할 수 있는 사람이라는 것이다. 강요에서 나오는 행동은 근면이 아니다. 모든 것의 시작은 지향성, 자발성, 능동성이다. 그렇기 때문에 그들에게 부단한 근면은 괴로움이 아닌 즐거움이다. 그리고 세상에는 "강요받아 뭔가를 해야만 하는" 대상도 분명 존재한다. 설사 그것이 낡은 가치관에 기인한 것이라 해도 그 의미는 줄어들지 않는다. "이렇게 해야만 한다"는 식의 강요에도 인류의 축적된 경험에서 나온 예지가 담겨 있기 마련이다. 학교 교육이 그 좋은 예다. 무라카미 하루키 (村上春樹)의 『해변의 카프카』에는 주인공 다무라 카프카가 중학 시절을 회고하는 장면에서 다음과 같은 구절이 나온다.

그래도 학교 수업만은 꽤 열심히 들었다. 그것은 까마귀라 불리던 소년이 강력히 권했던 일이다.

"중학교에서 배우는 지식이나 기술이 실제 생활에 도움을 주리라곤 생각하지 않아. 그건 분명해. (중략) 하지만 잘 알아 둬. 너는 가출을 해야 해. 그렇게 되면, 앞으로 학교에 다닐 기회는 없을 거야. 교실에서 배우는 것은 좋건 나쁘건 모조리 머릿속에 흡수해 두는 것이 좋아. 너는 그저 흡수지(吸收紙)가 되는 거야. 무엇을 남기고 무엇을 버릴지는 어른이 돼서 결정하면 되는 거야."

나는 그의 충고를 따랐다. (중략) 수업에 집중했고, 뇌를 스펀지처럼 만들어 선생님의 한마디 한마디에 귀 기울였고, 머릿속에 집어넣었다. 그것들을 제한된 시간 안에 이해하고 기억했다.

이 부분을 읽었을 때, 무라카미가 10대 자녀들에게 보내는 진지한 메시지란 생각이 들었고 크게 공감했다.

또 하나의 지구는 각 개인이 흡수지로 변신해 기초적 능력을 흡수한 뒤에야 비로소 펼쳐지는 크고도 넓은 자유의 세계다. 모든 것을 흡수한 뒤에는 몰두할 대상을 자신이 직접 선택하고, 인간에게 부여된 자원 중에서는 유일하게 평등한 '시간'을 자신의 책임 아래 자신이 선택한 분야에 투입한다. 그것이 또 하나의 지구와 적극적으로 사귀는 새로운 삶의 방식이다.

또 하나의 지구가 등장함에 따라 사람들 간의 차이는 점차 벌어질 것이다. 이것은 시간을 어떻게 사용하느냐에 따라 불가피하게 발생하는 격차다. 예를 들어 인터넷상에 만들어진 학습의 고속도로는 학교 교육 과정처럼 잘 정리되어 있지 않다. 안개가 끼어 있을 때도 있다. 그 누구도 달릴 것을 강요하지 않는다. 하지만 거기서 즐거움을 찾을 수 있다면 자유롭게 안개를 헤치고 질주할 수 있다. 시간, 거리, 무한이라는 개념을 뒤흔드는 인터넷의 발전에 따라 자유 의지와 시간 사용법이 삶의 많은 부분을 좌우하게 된다. 삶의 책임은 개인이 져야 하는 것이다.

과거 사람들은 현실 세계의 제약 속에 피동적인 삶을 살아야 했다. 그러나 이제 제약은 사라졌다. 그리고 이제는 개인의 목적의식이 삶을 좌우하는 시대가 되었다.

자조 정신을 강조하면 '강자의 논리'라며 비난하는 사람이 있다. 그러나 우리들은 세상이 격변하는 시기에 있고, 그렇기 때문에 어른들은 더더욱 자조의 의미를 젊은이들, 또는 자녀들에게 전해야 한다고 생각한다.

자조 정신만 있다고 모든 문제가 해결되는 것일까. 그것은 개인이 판단할 일이다. 이것이 무책임한 말로 들릴지도 모르지만, "자조 정신 따위는 강자의 논리이고 약자에게는 무리이다."라며 타인이 자신의 운명을 결정하게 놔두는 것보다는 나을 것이다. 매사를 정치와 사회 구조 탓으로 돌리며 '격차 사회'나 '하류 사회'를 강조하는 풍조는 역으로 말하면 개인의 가능성을 아주 제한적이고 미약한 것으로 보는 것이다. 그런 시각은 인간의 가능성에 대한 모독이다.

이 책에서 내가 제안한 것은 결코 허황된 것이 아니다. 개인에게 자조 정신만 있다면 추구할 수 있는 새로운 가능성과 그 방향에 대해 설명한 것에 불과하다. 지향성을 삶의 근거로 삼을 수만 있다면 앞으로 자조적인 삶이 실현될 것이다. 적어도 이것만은

독자들에게 전하고 싶어서 이 책을 쓴 것이다.

대변혁의 시대에 어떻게 살아남을 것인가

대변혁의 시대에 살아남기란 쉬운 일이 아니다. 이러한 시대를 맞은 것이 행운인지 불행인지는 모른다. 다만 좋아하건 싫어하건 상관없이 우리는 그런 시대를 살고 있다.

제3장에서 앤드루 그로브의 "Only the Paranoid Survive"라는 말을 소개했는데, 이는 나의 좌우명이기도 하다. 이에 더해 이 말과는 일견 모순되는 '낙천주의'를 양대 정신적 지주로 삼으면 생존할 확률이 높아진다고 생각한다.

"Only the Paranoid Survivee"라는 말은 일상의 행동 규범을 규율하는 사고방식이다. 앤드루 그로브는 또한 "조만간 당신의 비즈니스 세계에서 근본적인 무언가가 변화할 것이다(Sooner or later, something fundamental in your business world will change)"라는 말도 했다.

여기서 짜증 나는 부분이 '조만간'이다. 변화가 서서히 찾아올 것이라고 생각하면 사람은 '지금 이대로의 삶'을 추구하게 된다. 반면 '빨리 닥쳐온다'고 생각하면 긴장감이 충만하게 된다. '조만간'에 대한 각자의 판단이 병적으로까지 집착할지 말지를 결정하게 된다. 지금 이 시간, 자신이 하고 있는 일을 미래의 관점에서 회의적으로 보는 능력이 강할수록 살아남을 확률은 높아진다. 삶에 대한 강력한 에너지는 앞으로 자신이 살아갈 세계에 대한 희망에서 생겨난다. 자신의 현재를 회의적으로 바라보면, 일상의 매 순간을 어떻게 사용할지에 대해 생각하게 된다.

세상을 바라보면 "도대체 낙천주의가 가능할까?"라는 말이 나올 정도로 심각한 문제가 산적해 있다. 그러나 세상이 절망적이라고 푸념만 해서는 창조를 위한 에너지가 충전되지 않는다. 심각한 문제를 외면해도 곤란하지만, 현실에 절망한 채 살아간다면 아무것도 이뤄 낼 수 없다. 지구 상에는 다양한 모순과 난제가 가득하다. 하지만 인류의 과거를 통틀어 그렇지 않았던 적이 없다. 그리고 세상은 그리 간단히 무너져 내리지도 않는다. 인류의 예지에 그 정도의 신뢰는 보내 줘도 좋을 성싶다.

나는 사회 변화는 거대하며 불가피하다는 전제 아래, 어떻게 해야 개인이 살아남을 수 있을지 늘 생각하며 살아왔다. 우리가 사는 사회가 앞으로 어떻게 변할지 생각하는 것도 의미 있는 일이다. 그러나 인간 개인이 살아남지 못한다면 그것은 아무런 의미가 없다.

이 책은 '돈'에 대해서도 이야기했다. '끼니를 해결한다', '생업을 마련한다'는 관점에서 여러 이야기를 했다. 하지만 필자가 말하는 것을 뛰어넘는 경제적 여유를 꿈꾸는 사람도 있을 것이다. 그런 사람들은 비즈니스에 깊숙이 관여해 돈에 대한 강렬한 의식을 갖고 살아가야 할 것이다. 돈에 집착하고 어느 정도의 위험을 감수하면서 열심히 뛰는 시기도 필요할 것이다. 돈은 자유를 얻기 위해 유일하지는 않지만 큰 무기이다. 그것이 특히 대변혁의 시대에는 구명조끼의 역할을 할 수도 있다.

드러내 놓고 할 얘기인지는 모르겠으나, 나는 아버지가 돌아가신 20세부터 40세가 넘을 때까지 하루도 돈 걱정에서 벗어난 적이 없었다. 초등학생 무렵 이미 아버지 회사는 도산했고, 원고를 쓰면서 빚을 갚아 나갔으나 빚은 점차 늘어만 갔다. 대학교 2학

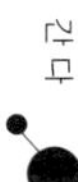

년 때까지 학비는 대 주셨지만, 돌아가신 뒤 남긴 유산은 거의 없었다.

사람이란 곤경에 처하면 엄청난 능력을 발휘하기도 한다. 나도 생활비 일부와 학비를 벌기 위해 정신없이 20대를 살았다. 만일 내가 20대였을 때 지금과 같은 환경이 조성되어 있었다면 인생을 좀 더 다양하게 살 수 있었을 것이다. 그리고 가능성도 무궁했을 것이다. 매일같이 블로그에 글을 올리며 SNS를 백 퍼센트 활용했을 것이다. 인맥을 해외로 확대하여 좋아하는 일, 하고 싶은 일을 찾아다니며 생계유지와 부의 축적을 위해 필사적으로 노력했을 것이다. 다양한 기회와 만났을 수도 있었을 것이다.

앞으로 다가올 시대에서는 웹 리터러시를 갖춰야 한다. 살아남겠다는 의지를 가져야 한다. 현실과 인터넷 사이를 창조적으로 오가며 노력한다면 분명 길은 열린다. 웹은 뜻을 가진 사람에게는 든든한 힘이 되어 주는 존재다.

젊은이와 만나면 항상 부탁하는 것이 있다. "하여간 살아남아라", "감당 못할 일이 쉴 새 없이 닥쳐오는 이 세상에서 하여간 살아남아라"라는 것이다. 이 세상에 던져졌지만 아직 이렇다 할 존재가 되지 못한 젊은 시절에는 살아남는 것 자체가 중요하다. 그리고 살아남았다면 인생의 특정 시기 이후에는 사회 전체를 의식하며 살아가면 되는 것이다. 나의 인생 전반기는 돈벌이에 필사적이었다. 앞으로는 퍼블릭한 측면에 깊이 관여할 생각이다.

기존 사회 구조에 적응할 수 있고, 규칙이 확고한 낡은 직업과 거대 조직에서 큰 어려움 없이 버텨 나갈 수 있는 사람들은 그 어느 시대라도 살아갈 수 있다.

또 한편으로는 시대의 대격변 속에서 지향성 공동체와 작은 조직, 새로운 직업이 증가하고 있는데, 이는 기존의 사회 시스템에 적응하지 못해 고생하는 사람들에게 생존 가능성을 확대해 줄 것이다.

인터넷은 개인의 힘을 강화시켜 준다. 그리고 '또 하나의 지구'는 앞으로 계속 확대될 것이 분명하다. '세계의 난제 해결'이라는 간단치 않은 도전에서 일상의 업무 처리, 지적 생활의 충실화, 취미와 즐거움의 추구에 이르기까지, 생존 이후의 다양한 미래의 가능성을 머릿속에 떠올려 보기 바란다. 그리고 이러한 미래를 통해 한 사람이라도 더 많은 사람들의 마음속에 오늘날을 살아갈 에너지가 용솟음치길 기원한다.

글을 마치며

『웹 진화론』이 베스트셀러가 된 덕분에 나의 인생은 전혀 예상치 못한 방향으로 흘러가게 되었다. 회오리바람에 휩쓸려 어디로 끌려가는지도 몰랐던 지난 2년 동안, 나는 그런 큰 흐름에 몸을 맡긴 채 글쓰기에 전념했다.

그리고 『웹 진화론』에서는 가볍게 다루었던 '좀 더 큰 테마'를 본격적으로 다루기로 결심했다. 후쿠자와 유키치의 명저 『서양사정』과 『학문을 권함』이 한 쌍을 이루듯, 웹 시대의 의미를 그렸던 『웹 진화론』과 쌍벽을 이룰 책을 '우리 시대의 새로운 삶의 방식'을 테마로 하여 써야겠다고 생각했다. 그리고 그 도전의 결과가 이 책이다. 도전이 어떤 결과로 끝날지, 책이 나온 뒤 독자들의 반응에 귀를 기울이며 느끼고 싶다.

인터넷은 의지를 갖고 능동적으로 대처했을 때 우리에게 전혀 다른 모습으로 나타나는 법이다. 의지만 있다면 인터넷은 '인생의 인프라'로서 개인의 발전을 도와준다. 나는 이러한 사실을 가능한 한 많은 사람에게 알려 주고 싶었다. 문장 하나마다 적절한 단어를 찾으려고 노력했다.

전 세계의 정보를 정리해 내겠다는 노력에서부터 오픈소스 프로젝트와 지향성 공동체를 이끄는 의지, 학습의 고속도로를 질주해 전문성을 완성하겠다는 웅지, 좋아하는 일을 직업으로 삼겠다는 각오, 불특정 다수 무한대에게 배우겠다는 의지, 조직에서 성장하고 싶은 야망, 뮤지션을 정식 직업으로 삼겠다는 각오, 더 좋은 사회 만들기에 참여하겠다는 의지까지……, 나는 다양한 의지를 인터넷의 힘을 통해 어떻게 실현할 수 있는지 생각해 왔다.

새로운 일이 속속 벌어지는 시대. 우리는 엄청난 변혁의 시대에 살고 있다. 아무리 노력해도 미래는 안심할 수 없는 법이기에 우리는 미지를 즐겨야 한다. 즐기는 마음을 갖추지 못한다면 시대의 변화 앞에서 행복한 삶은 보장되지 않는다.

우리들은 분명 갖가지 거친 현실에 직면해 있다. 또한, 듣고 읽을수록 마음만 위축되는 온갖 '신조어'가 눈앞에 나타나는 인생을 살고 있다. 노력하지 않는다면 이런 세상에 태어났다는 단 한 가지 사실 때문에 의욕을 잃게 된다. 미래를 창조하는 에너지조차 갖지 못한다. 험난한 현실은 개선되지 않는다.

왜 글을 쓰는가. 그 글을 읽은 사람의 마음에 뭔가가 생겨나길 기대해서다. 이 책은 성실하게 최선을 다하는 젊은이들과 과거 그런 젊은이였던 어른들의 마음에 미지의 세계를 즐길 에너지가 생겨나길 바라는 마음으로 썼다. 만일 독자들이 이 책을 읽은 후 미지를 즐길 에너지가 마음속에 자라나서 뜻을 세우게 된다면 나로서는 만족이다. 첫걸음을 내디딜 힘이 생긴다면 우리들 앞에 다양한 가능성이 계속해서 찾아올 것이다.

사람들은 뭔가를 이뤄 내리라 각오를 하지만 이 사회는 "이미 깔아 놓은 레일 위만 달려라."라고 강요해 왔다. 나는 레일에서 벗어나도 길이 있음을 알려 주고 싶다.

레일 위만을 달릴 수도 있다. 하지만 그 레일이 어디까지 이어

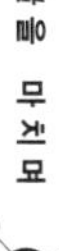

져 있는지는 아무도 모른다. 지금 헤매거나 고민하고 있다면 시대의 큰 흐름에 몸을 맡기고 떠내려가 보는 것도 좋다. 그리고 시행착오를 거듭하며 앞길을 더듬어 찾아봐야 한다. 변화가 격렬한 시기에는 그런 삶도 의외로 자유롭고 즐거운 것이다.

인터넷은 자신이 좋아하는 것에 끝까지 매달리겠다는 의지와 지향성만 있다면 어디든지 갈 수 있게 해 준다. 인터넷을 통하면 사방 그 어디에서 오는 어떤 신호라도 감지해 낼 수 있다. 이런 도구를 최대한 이용해 좀 더 자유로운 삶의 방식을 추구해도 좋지 않을까. 다만 그런 자유를 누리려면 자발적이고 능동적인 자세를 갖추어야 하며 동시에 새로운 강인함을 익혀야 한다. 그런 강인함이 몸에 붙으면 세상에 대한 시각은 크게 달라질 것이다.

이 책은 시대의 변화 앞에서 살아남는 새로운 강인함에 대해 설명해 놓았다. 이 책이 한 사람이라도 더 많은 독자의 마음에 잔잔한 물결을 일으킬 수 있다면 나로서는 기대 이상의 기쁨이겠다.

『웹 진화론』과 마찬가지로 이 책 역시 지쿠마서방(筑摩書房)의 후쿠다 교코 씨의 도움이 없었다면 나오지 못했을 것이다. 구상에서 완성에 이르기까지 『웹 진화론』보다 더 많은 시간을 할애해 준 그의 조언과 격려에 감사드린다.

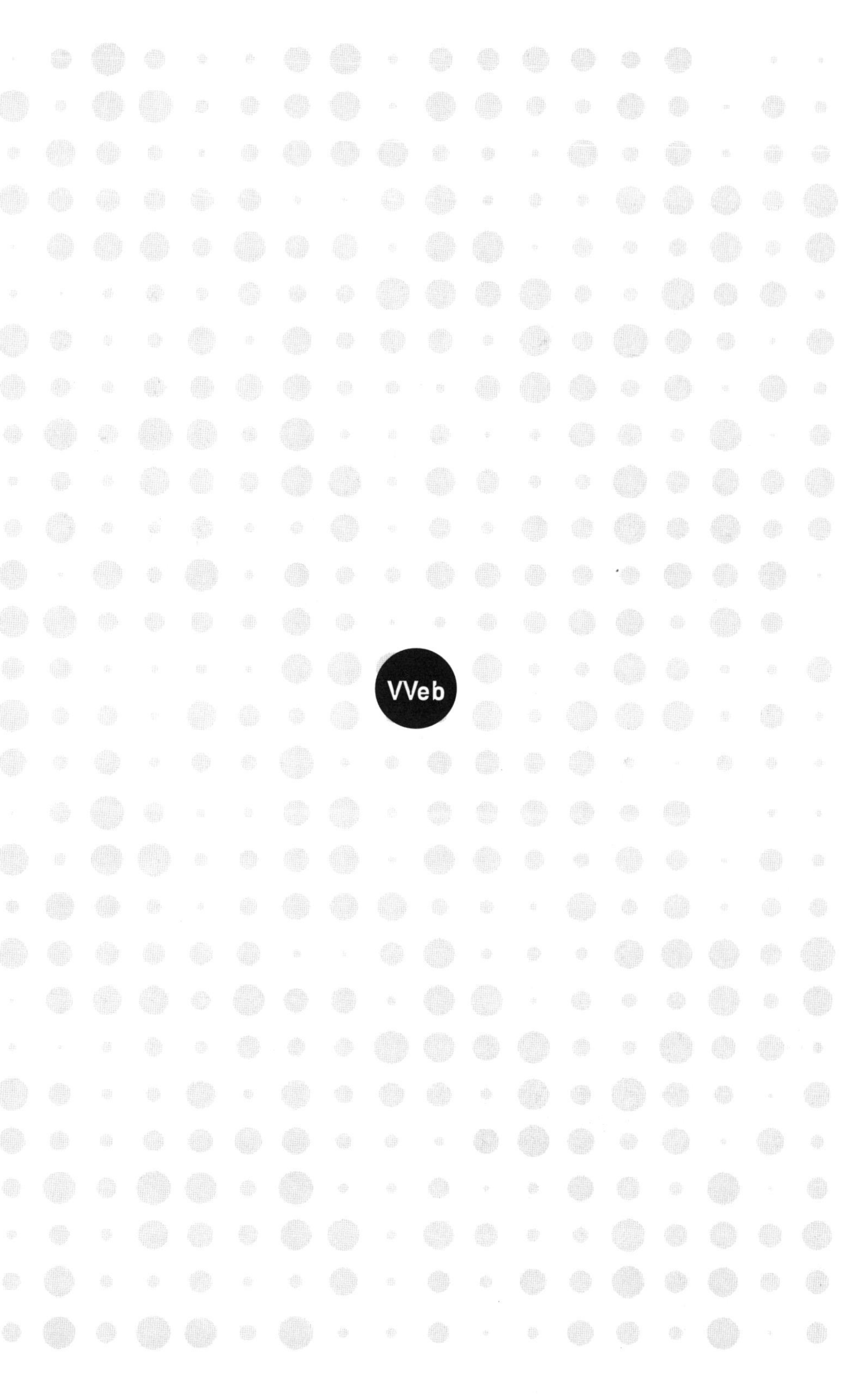
VVeb

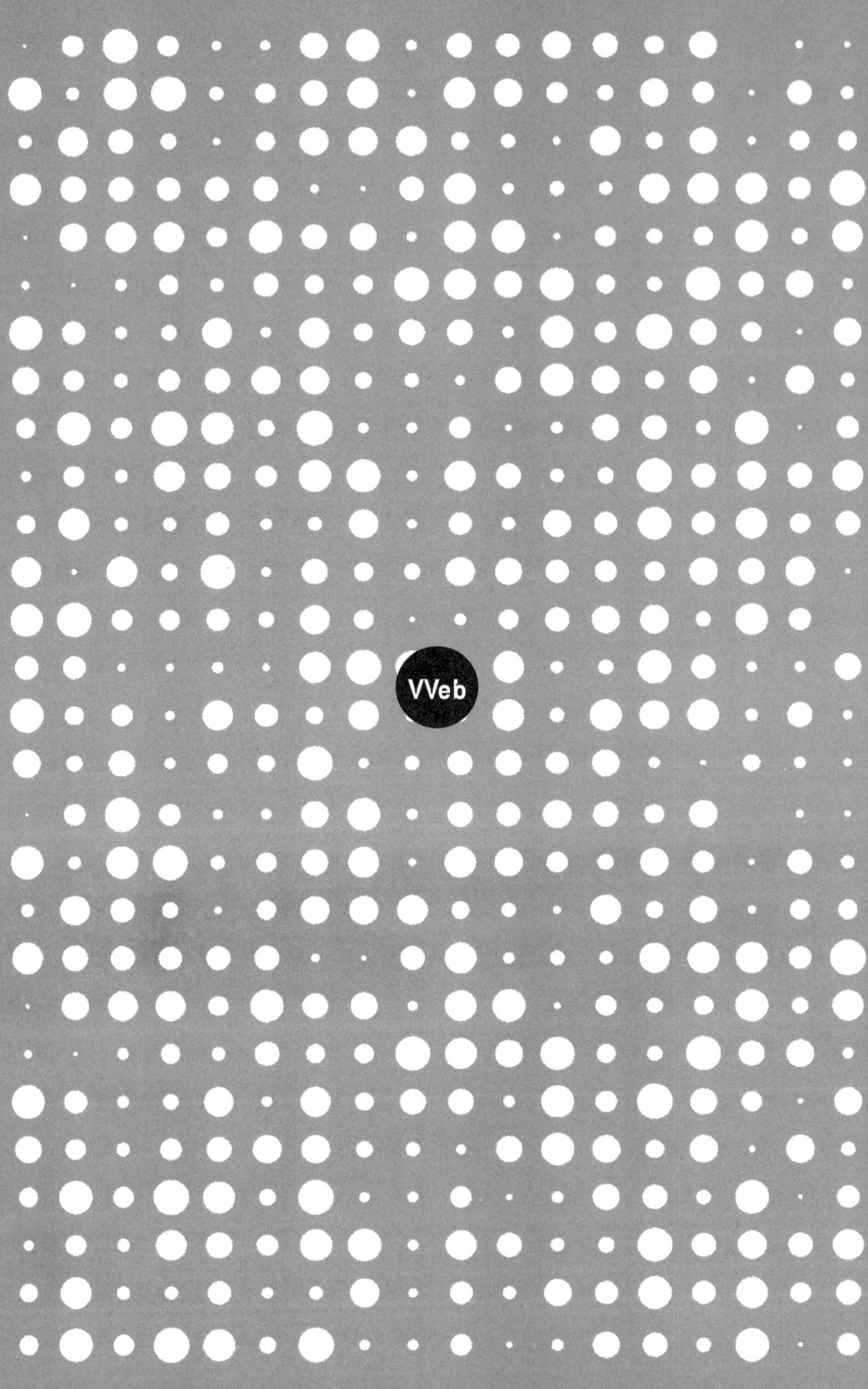
VVeb